77 Ideen DaZ- und Sprachförderung nebenbei

Seiji Shigenobu

Übungen und Materialien für den Grundschulalltag

Verlag an der Ruhr

Impressum

Titel
77 Ideen für die DaZ- und Sprachförderung nebenbei
Übungen und Materialien für den Grundschulalltag

Autor
Seiji Shigenobu

Titelbildmotiv
© Woodapple – Fotolia.com

Illustrationen
Anja Boretzki

Druck
AZ Druck und Datentechnik GmbH, Kempten, DE

Verlag an der Ruhr
Mülheim an der Ruhr
www.verlagruhr.de

Geeignet für die Klassen 1–4

ISBN 978-3-8346-3786-4

Inhaltsverzeichnis

		Seite
Vorwort		6

In der Schule ankommen		
Gespräche am Morgen		
1	Die persönliche Begrüßung	10
2	Der schnelle Morgenkreis	11
3	Gemeinsame Spiele	15
4	Die Kindersprechstunde	17

Den Schultag beginnen		
Gemeinsame Begrüßung		
5	Guten Morgen, good morning	20
6	Ein Reim für einen guten Morgen	21
7	Rhythmische Begrüßung	22
8	Guten-Morgen-Rap	23
Den Tag organisieren		
9	Heute ist ...	24
10	Dienste verteilen	30
11	Tagesablauf erklären	32
12	Der Schatz-Dienst	38
Zusammenkommen und erzählen		
13	Sprüche für den Stuhlkreis	40
14	Der „Chef-Einrichter“ für den Stuhlkreis	41
15	Der Erzählkreis	42
16	Der Gruppen-Erzählkreis	44

Unterrichtsbausteine		
Soziales Lernen & Kooperation		
17	Sich mit einem Bild vorstellen	46
18	Das Partner-Interview	47
19	Der Blindenführer	49
20	So arbeite ich richtig	50
21	Die Partnerarbeit	52

		Seite
22	Die Gruppenarbeit	54
Darstellen & Präsentieren		
23	Ergebnisse präsentieren	56
24	Bücher vorstellen	58
25	Improvisiertes Erzählen	60
26	Unpassend vorlesen	62
Gedichte		
27	Treppengedichte	64
28	Doppeltreppengedichte	66
29	Elfchen	68
30	Haiku	70
Kreatives		
31	Diktate einmal anders	72
32	Blinder Maler	73
33	Märchen nacherzählen	74
34	Die Bildbetrachtung	76
35	ABC-Geschichten	77
36	Redensarten malen	78
37	Bewegte Gedichte	80
38	Zungenbrecher malen und spielen	81
39	Ein ganzes Märchen in einem Bild	83
40	Mit Schrift gestalten	85
Wörter, Sätze und mehr		
41	Lange Sätze mit Adjektiven bilden	86
42	Groß, größer, am größten...	87
43	Nomen-Bingo	89
44	Nomen-Wettkampf mit A, E, I, O, U	91
45	Verben-Pantomime	92
46	Gegensatz-Domino	94
47	Unsinnige Sätze würfeln	96
48	Wortarten-Mindmap	101
49	„Stadt-Land-Fluss“ mit Wortarten	102
50	Wörter zusammensetzen	104
51	Wörter angeln	106
52	Wortschatzarbeit mit Körperumrissen	107
53	Fragen und antworten	108
54	Das Tomaten-Fragespiel	110

		Seite
Reime und Lieder für verschiedene Anlässe		
Reime		
55	Frühstücksreime	112
56	Abzählreime	113
57	Reime zum Abschied	114
Lieder		
58	Geburtstagslieder	115
59	Lustige Lieder zur Auflockerung	119
60	Lieder für alle Jahreszeiten	129

Spiele für zwischendurch		
Kreisspiele		
61	Mein rechter, rechter Platz ist frei	138
62	Entenspiel	139
63	Ich packe meinen Koffer	140
64	Wozu, warum, weshalb?	141
65	Schlapp hat den Hut verloren	142
66	Ich sitze im Grünen	143
Plenum		
67	Doppelgänger	144
68	Menschen-Memo	145
69	Ich sehe was, was du nicht siehst	146
70	Echo	147
Bewegung		
71	Wo ist der Schatz?	148
72	Pferderennen	149
73	Waldlauf	151

Verabschieden und nach Hause gehen		
Rituale für den Abschluss		
74	Stimmungsbilder	154
75	Schulterklopfen	157
76	Aufstellen einmal anders	158
77	Persönliche Verabschiedung	159

Medientipps	160

Vorwort

Liebe Kollegen*,
schon immer stellte Sprache den unmittelbaren Zugang zur Bildung dar. Daher war, ist und sollte das gesprochene Wort – unabhängig von der Anzahl an Kindern mit und ohne Migrationshintergrund – Schwerpunkt jeder Unterrichtsstunde sein. Vor dem Hintergrund wachsender Schülerzahlen mit rudimentären bis keinen Sprachkenntnissen gewinnt das Thema DaZ- und Sprachförderung wieder an Bedeutung.
Die Gründe für die Sprachdefizite können ganz vielfältig sein. Sicher nimmt bei den Kindern mit Deutsch als Zweitsprache der Migrationshintergrund eine tragende Rolle ein. Aufgrund veränderter Familienstrukturen und Erziehungskonzepte sowie mangelnder erzieherischer Kompetenzen gibt es aber auch immer mehr Kinder mit Deutsch als Erstsprache, die auf sprachlicher Ebene erhebliche Entwicklungsdefizite vorweisen.
Um diese augenscheinlich neue Anforderung in der Schule ressourcen- sowie zeitschonend bewältigen zu können, ist kein großes Umdenken oder eine aufwändige Umstrukturierung von Unterrichtsabläufen erforderlich. Mithilfe bewährter Übungen, Tipps und Ideen, Rituale, klassischer Spiele und Unterrichtsbausteine lässt sich eine DaZ- und Sprachförderung auch ganz nebenbei und kinderleicht im Unterricht verwirklichen. Im Folgenden finden Sie einen Wegweiser durch den Schulvormittag, der Ihnen hilft, die Sprachförderung nebenbei durchzuführen bzw. strukturiert zu integrieren.

Einführung

Die Übungen und Lernbausteine in diesem Buch orientieren sich am Ablauf eines Schulvormittags. Dieser lässt sich in verschiedene Bereiche untergliedern:

- In der Schule ankommen
- Den Schultag beginnen
- Den Unterricht gestalten
- Den Schultag beenden

---

* Aus Gründen der besseren Lesbarkeit haben wir in diesem Buch durchgehend die männliche Form verwendet. Natürlich sind damit auch immer Frauen und Mädchen gemeint, also Lehrerinnen, Schülerinnen etc.

Entlang dieser Gliederungspunkte werden mögliche Rituale, Übungen, Lernbausteine und Unterrichtsszenarien vorgestellt, die eine DaZ- und Sprachförderung praktisch nebenbei ermöglichen. Hierbei wird an vielen Stellen auch auf klassische Elemente des Unterrichts zurückgegriffen (z. B. bekannte Lieder oder Bewegungsspiele), die bisher noch nicht unter dem sprachlichen Aspekt betrachtet wurden.

Die Auswahl der gesammelten Ideen erfolgte unter Berücksichtigung verschiedener Prinzipien der Sprachbildung:

Hohe Schüleraktivierung durch einen hohen Redeanteil der Kinder	
Spiele, Reime, Lieder ➜	ganzheitlicher Zugang zur Sprache
Integratives sprachliches Lernen ➜	Förderung kompetenter Sprachhandlung
Abbau von Sprechhemmungen	
Vorentlastung durch vorgegebene Satzstrukturen/vorgegebenes Wortmaterial	
Gemeinsames Sprechen	
Möglichkeiten zum informellen Schüleraustausch untereinander	

All diese Aspekte ermöglichen die Entwicklung eines Sprachgefühls und ein nachhaltiges Sprachverständnis.

Ich wünsche Ihnen viel Spaß mit den vielen Ideen in Ihrem Unterricht.

Seiji Shigenobu

In der Schule ankommen

© Christian Schwier | Fotolia.com

In den meisten Grundschulen gibt es vor der ersten Unterrichtsstunde einen sogenannten offenen Anfang. In diesem Zeitraum treffen die Kinder nach und nach im Klassenraum ein. Bereits diese Phase lässt sich aktiv zur Sprachförderung nutzen.

1 Die persönliche Begrüßung

 **Klasse:** 1–4  **Material:** –

Worum geht's?

Wenn Sie sich als Lehrkraft im offenen Anfang bereits vor den Schülern im Klassenraum befinden, haben Sie die Möglichkeit, jedes Kind persönlich zu begrüßen. Auf diese Weise können Sie sich vor dem Unterricht ganz nebenbei einen kleinen Überblick über den aktuellen Sprachstand Ihrer Schüler verschaffen. Ein positiver Nebeneffekt ist, dass Sie jedem Kind das Gefühl geben, persönliches Interesse sowie Wertschätzung zu erfahren. Weiterhin erhalten Sie auch einen Eindruck über den emotionalen Zustand Ihrer Schüler. In der Regel bleibt es nicht nur bei der Begrüßung. Oft erzählen die Kinder von ihren Erlebnissen und von anderen Dingen, die sie beschäftigen.

Was wird geübt?

Im persönlichen Gespräch mit den Kindern können Sie Begrüßungsfloskeln einüben (z. B.: Guten Morgen!, Wie geht es dir?, Ich freue mich, dass du da bist). Je nach Sprachstand kann das Gespräch von der einfachen Begrüßung bis hin zum kleinen Dialog reichen. Die persönliche Begrüßung wirkt sich zudem positiv auf die Beziehung zu Ihren Schülern aus und baut Sprechhemmungen ab.

Was ist zu tun?

Positionieren Sie sich vor der Tür des Klassenraums, um jedes Kind persönlich begrüßen zu können. Dadurch sorgen Sie gleichzeitig für eine entspannte und vom Unterricht losgelöste Gesprächsatmosphäre.

2 Der schnelle Morgenkreis

 **Klasse:** 1–4  **Material:** Satzbausteine (S. 12–14)

Worum geht's?

Anknüpfend an die persönliche Begrüßung (s. S. 10) können Sie mit den Kindern in einem schnellen Morgenkreis zusammenkommen. Anders als beim Erzählkreis liegt hierbei der Schwerpunkt auf der gemeinsamen Begrüßung, aktuellen Klassen-Themen und ggf. einer allgemeinen Befindlichkeitsrunde. Denkbar ist auch, ausgewählte und für die Kinder besonders bedeutsame Erlebnisse erzählen zu lassen.

Was wird geübt?

Im schnellen Morgenkreis üben die Kinder das freie Sprechen vor ihren Mitschülern (z. B.: Mir ist heute wichtig ..., Darüber möchte ich heute sprechen ..., Mir geht es heute ...). Aber auch das Zuhören ist hier von Bedeutung (Ich habe eine Frage zu ..., Das habe ich nicht verstanden ...).

Was ist zu tun?

Der schnelle Morgenkreis sollte nicht mehr als 10 Minuten der Unterrichtszeit in Anspruch nehmen. Um hier etwas Zeit einzusparen, ist es hilfreich, wenn die Kinder direkt nach dem Betreten des Klassenraums schon mit dem Aufbau des Stuhlkreises beginnen.

Je nach Sprachstand Ihrer Schüler können Sie einzelne Satzbausteine (s. Kopiervorlagen auf S. 12–14) in die Kreismitte legen oder mündlich vorgeben. Achten Sie beim Gespräch darauf, dass die Kinder in möglichst vollständigen Sätzen sprechen.

Satzbausteine für den Morgenkreis – (1/3)

Mir ist heute wichtig, …

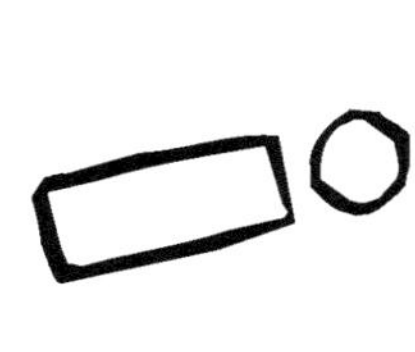

Heute möchte ich über … sprechen.

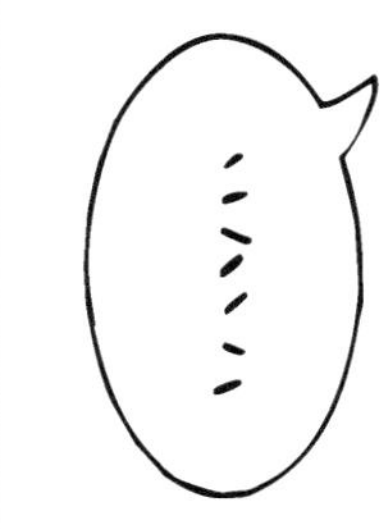

Ich möchte heute von … erzählen.

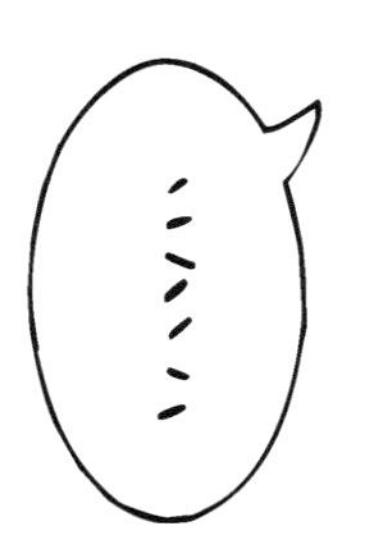

Mir geht es heute …, weil…

Satzbausteine für den Morgenkreis – (2/3)

Hat jemand eine Frage?

Ich habe eine Frage zu …

Ich habe das nicht verstanden, weil …

Satzbausteine für den Morgenkreis – (3/3)

... kannst du das bitte wiederholen?

Wer möchte weitermachen?

Ich gebe das Wort weiter an ...

3 Gemeinsame Spiele

 **Klasse:** 1–4

 **Material:** Brett- und Kartenspiele, Übersicht „Wer spielt mit wem?" (S. 16), Folienstifte

Worum geht's?

In Spielsituationen sprechen und lernen Kinder frei und unbewusst. Ein Klassiker ist beispielsweise das Quartett-Spiel. Um Quartette bilden zu können, müssen die Kinder gezielte Fragen stellen und diese beantworten (z. B.: Hast du die Karte mit …? Nein, habe ich nicht). Neben Kartenspielen eignen sich aber auch Brettspiele zur Sprachförderung. Der offene Anfang bietet eine ideale Gelegenheit, Sprachlernen und Spiel miteinander zu verbinden.

Was wird geübt?

Im Spiel üben die Kinder wichtige Satzmuster ein. Da dabei Sprache und Handlung in der Regel eng miteinander verknüpft sind, werden aktiver und passiver Wortschatz effizient gefestigt.

Was ist zu tun?

Für die Organisation des gemeinsamen Spielens können Sie die Übersicht „Wer spielt mit wem?" (S. 16) verwenden. Kopieren Sie die Übersicht 4–5-mal und laminieren Sie sie. Tragen Sie dann die Namen der zur Auswahl stehenden Karten- und Brettspiele ein und hängen Sie die Übersichten im Klassenraum auf. So können sich die Kinder einen Überblick über die angebotenen Spiele verschaffen und sich in Spielgruppen zusammenfinden.

Übersicht „Wer spielt mit wem?"

Name des Spiels
Wer spielt mit?
Mitspieler 1
Mitspieler 2
Mitspieler 3
Mitspieler 4
Mitspieler 5

4 Die Kindersprechstunde

 **Klasse:** 1–4

 **Material:** Aushang „Kindersprechstunde" (S. 18), Folienstifte

Worum geht's?

Bereits vor dem Unterricht haben einige Kinder das Bedürfnis, der Lehrkraft verschiedene Dinge mitzuteilen. Der offene Anfang eignet sich hervorragend für die Einrichtung einer Kindersprechstunde, in der sich die Kinder in einem vorgegebenen Zeitfenster mit ihren Anliegen an die Lehrkraft wenden können.

Was wird geübt?

Wer Ihnen ausführlich von seinen Erlebnissen berichten, Konflikte lösen oder einfach nur schnell etwas klären möchte, kann sich für die Kindersprechstunde eintragen. Hier üben sich die Kinder darin, nachvollziehbar zu erklären, zu berichten oder eine bestimmte Situation mündlich darzustellen. Da hier der Schwerpunkt auf der Nachvollziehbarkeit liegt, werden ebenso das gezielte Nachfragen, Antworten und aktive Zuhören geübt.

Was ist zu tun?

Die „Kindersprechstunde" erfordert keine besonderen vorbereitenden Maßnahmen. Sie müssen sich lediglich die Zeit nehmen, den Kindern diese Sprechstunde anzubieten. Laminieren Sie hierfür die Kopiervorlage (S. 18) und hängen Sie sie im Klassenraum auf. Hier können die Kinder sich eintragen, wann immer sie das Gesprächsangebot nutzen möchten. Bei besonders starker Nachfrage kann die Kindersprechstunde auch auf die Hofpausen ausgeweitet werden.

Kindersprechstunde

Offener Anfang	
Es geht schnell:	Es dauert länger:

Pause 1	
Es geht schnell:	Es dauert länger:

Pause 2	
Es geht schnell:	Es dauert länger:

Der gemeinsame Einstieg in den Schulmorgen wird in vielen Klassen für die Umsetzung verschiedener Rituale genutzt. Mit kleinen Variationen lassen sich bereits eingeführte Rituale für die DaZ- und Sprachförderung nutzen.

5 Guten Morgen, good morning

 **Klasse:** 1–4  **Material:** –

Worum geht's?

Das gemeinsame Singen bietet sich in der Grundschule über alle Klassenstufen hinweg an – und eröffnet viele Gelegenheiten für die DaZ- und Sprachförderung. „Guten Morgen, good morning" ist ein bekanntes Lied, das sich problemlos auf andere Sprachen übertragen lässt. So können alle Sprachen Ihrer Klasse beim gemeinsamen Singen eingebunden werden.

Was wird geübt?

Als kleiner Baustein für interkulturelles Lernen ermöglicht dieses Lied unter anderem einen sensibleren, bewussteren Umgang mit der eigenen Sprache (z. B. Sprachvergleich). Speziell DaZ-Lerner können sich hier aktiv und als Experten für die eigene Muttersprache einbringen.

Was ist zu tun?

Verschaffen Sie sich einen Überblick über die unterschiedlichen Muttersprachen Ihrer Schüler und passen Sie den Liedtext entsprechend an.

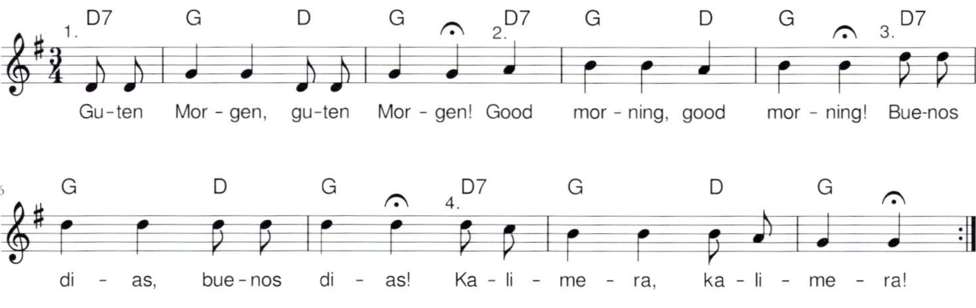

(Melodie zu London's burning)

6 Ein Reim für einen guten Morgen

 **Klasse:** 1–4 

Material: –

Worum geht's?

Neben einem Lied lässt sich der Einstieg auch prima mit einem gemeinsamen Reim gestalten. Mithilfe von passenden Bewegungen lässt sich dieser schnell einführen und auch verinnerlichen.

Was wird geübt?

Reime fördern das Sprachgefühl und ermöglichen eine erste Einsicht in Satzstrukturen und -muster. Weiterhin baut das gemeinsame rhythmische Sprechen Sprechhemmungen ab.

Was ist zu tun?

Führen Sie den folgenden Reim in Ihrer Klasse ein. Besonders schön, aber auch effizient ist es, wenn passende Bewegungen mit den Kindern gemeinsam entwickelt werden:

Ich wünsch dir einen guten Morgen,
guten Morgen, guten Morgen.
Die Sorgen bleiben heut verborgen,
heut verborgen, heut verborgen.
Ich wünsch dir heute ganz viel Kraft,
ganz viel Kraft, ganz viel Kraft,
dass du einfach alles schaffst!

7 Rhythmische Begrüßung

 **Klasse:** 1–4  **Material:** –

Worum geht's?

Die gemeinsame Begrüßung steht auf der Tagesordnung meist an erster Stelle. Wir alle kennen die monotonen und in die Länge gezogenen Silben einer gelangweilten Begrüßung: „Guten Mooorgen, Frau Sooooundsooo." Das ist alles andere als ein stimmungsvoller Einstieg in den Schulmorgen! Mit einer kleinen Variation (z. B.: Schnipsen, Klatschen, rhythmisches Sprechen) lässt sich selbst eine einfache Begrüßung aufpeppen.

Was wird geübt?

Mithilfe des rhythmischen Sprechens entwickeln die Kinder ein Bewusstsein bzw. ein Gespür für den Aufbau unserer Wörter.

Was ist zu tun?

Führen Sie die folgende Begrüßungsformel in Ihrer Klasse ein. Betonen Sie dabei die fettgedruckten Silben und begleiten Sie Ihre Worte durch rhythmisches Schnipsen und Klatschen:

***Gu**ten **Mor**gen!*
*Wir **wün**schen **uns***
*einen **schö**nen guten **Mor**gen.*

8 Guten-Morgen-Rap

 **Klasse:** 3/4  **Material:** –

Worum geht's?

In den Klassenstufen 3/4 lassen sich die Kinder auch gern einmal mit einem Rap begeistern. Als Begrüßung am Morgen hebt das bereits in den ersten Sekunden die Stimmung und Motivation.

Was wird geübt?

Wie bei den Reimen (s. S. 21) fördert auch ein Rap das Sprachgefühl und ermöglicht eine erste Einsicht in Satzstrukturen und -muster. Weiterhin baut das gemeinsame rhythmische Sprechen Sprechhemmungen ab.

Was ist zu tun?

Führen Sie den folgenden Rap in Ihrer Klasse ein. Betonen Sie dabei die fettgedruckten Silben und begleiten Sie Ihre Worte durch rhythmisches Schnipsen und Klatschen:

> ***A**lle zu**sam**men **sit**zen/**ste**hen/**ge**hen wir **hier** und **fra**gen ein**an**der:*
> *„Wie **geht** es **dir**?"*

9 Heute ist …

 **Klasse:** 1–4  **Material:** Bildkarten (S. 25–29)

Worum geht's?

Datum, Jahreszeit, Wetter oder auch ein Geburtstag eignen sich hervorragend, um mit den Schülern zu Beginn des Unterrichts ins Gespräch zu kommen.

Was wird geübt?

Die Kinder üben das Sprechen vor der Klasse. Dabei wiederholen und festigen sie häufig verwendete Satzstrukturen und Verben.

Was ist zu tun?

Kopieren und laminieren Sie die Bildkarten (S. 25–29). Jeden Morgen teilt ein anderes Kind der Klasse das Datum, die Jahreszeit, die aktuelle Wetterlage und ggf. besondere Ereignisse (z. B.: Geburtstag, letzter Schultag etc.) mündlich mit und befestigt die passenden Bildkarten an der Tafel, z. B.: *„Heute ist Dienstag, der 25. Juli 2017. Maya hat heute Geburtstag. Es ist Sommer und es ist sehr heiß und sonnig."* Je nach Sprachstand des vortragenden Kindes müssen die Sätze ggf. von Ihnen oder einem Mitschüler vorgesprochen worden.

Variation

Beziehen Sie bei Kindern mit Migrationshintergrund auch die Erstsprache mit ein und lassen Sie die Informationen zusätzlich in der jeweiligen Muttersprache präsentieren.

Jahreszeiten, Wetter und Geburtstage – (1/5)

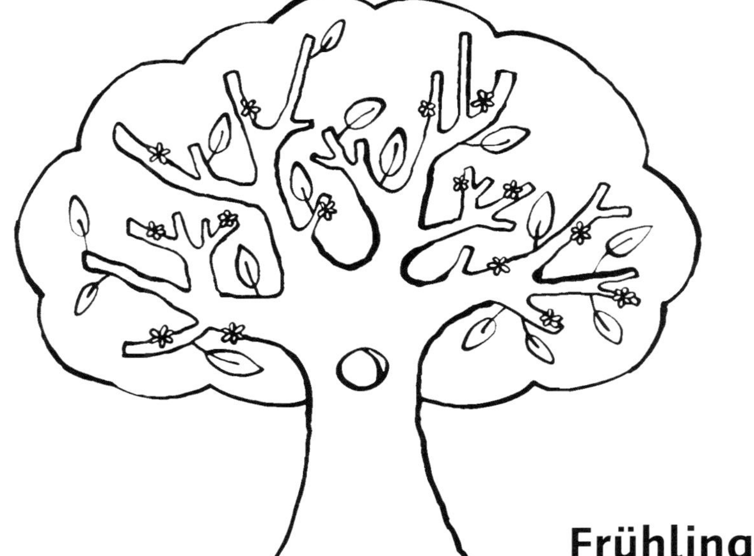

Frühling

Sommer

Jahreszeiten, Wetter und Geburtstage – (2/5)

Herbst

Winter

Jahreszeiten, Wetter und Geburtstage – (3/5)

Jahreszeiten, Wetter und Geburtstage – (4/5)

Jahreszeiten, Wetter und Geburtstage – (5/5)

10 Dienste verteilen

 **Klasse:** 1–4  **Material:** Ämterkarten (S. 31)

Worum geht's?

In jeder Klasse werden in der Regel verschiedene Dienste durch die Kinder wahrgenommen. Häufig ist es so, dass sich die Aufgabe der Verteilung dieser Dienste auf die Klassensprecher beschränkt. Es sollte aber auch hier die Chance für andere Kinder ergriffen werden, sich noch sicherer in der Sprache zu bewegen.

Was wird geübt?

Die Kinder üben das Sprechen vor der Klasse. Dabei wiederholen und festigen sie häufig verwendete Satzstrukturen.

Was ist zu tun?

Kopieren und laminieren Sie die Ämterkarten (S. 31). Wählen Sie jede Woche ein anderes Kind aus, das die Ämter an seine Mitschüler vergibt. Das Kind stellt Fragen (z. B.: „*Wer kümmert sich um die Blumen?*", „*Wer möchte den Tafeldienst übernehmen?*") und fasst das Ergebnis mündlich zusammen (z. B.: „*Ayla kümmert sich um die Blumen*", „*Paul übernimmt den Tafeldienst*"). Je nach Sprachstand des Kindes müssen die Sätze ggf. von Ihnen oder einem Mitschüler vorgesprochen werden.

Ämterkarten

Tafel-Dienst

Fenster-Dienst

Austeil-Dienst

Kehr-Dienst

Blumen-Dienst

Stuhlkreis-Dienst

11 Tagesablauf erklären

 **Klasse:** 1–4  **Material:** Bildkarten (S. 33–37)

Worum geht's?

Tagestransparenz zu schaffen gilt in der Grundschule als Unterrichtsprinzip. Mithilfe von Bildkarten lässt sich der Tagesverlauf schnell, unkompliziert und aussagekräftig an der Tafel darstellen. Hier bietet sich auch eine Gelegenheit für die DaZ- und Sprachförderung.

Was wird geübt?

Die Kinder üben das Sprechen vor der Klasse und beschreiben den Tagesablauf anhand von Bildkarten.

Was ist zu tun?

Kopieren Sie die Bildkarten (S. 33–37) im DIN-A3-Format und laminieren Sie sie ggf. Notieren Sie vor dem Unterricht den Stundenplan für den entsprechenden Wochentag an der Tafel und ordnen Sie die Bildkarten entsprechend dem geplanten Tagesablauf. Lassen Sie den Tagesablauf zu Beginn des Unterrichts von einem Kind erklären. Geben Sie einzelne Satzbausteine vor, damit die Erklärung nicht zu einer reinen Aufzählung verkommt, z. B.:

- *„Heute fangen wir mit dem Erzählkreis an."*
- *„Danach haben wir ..."*
- *„In der 2. Stunde geht es weiter mit ..."*
- *„Dann arbeiten wir in ... weiter."*

Art und Umfang der Hilfestellungen sollten sich am Sprachstand des vortragenden Kindes orientieren. Bei Kindern, die kaum Deutsch sprechen, reicht es zunächst auch völlig aus, alle Tagespunkte einfach nur aufzuzählen.

Tagesablauf – (1/5)

Erzählkreis

Einzelarbeit

Tagesablauf – (2/5)

Partnerarbeit

Gruppenarbeit

Tagesablauf – (3/5)

Freiarbeit

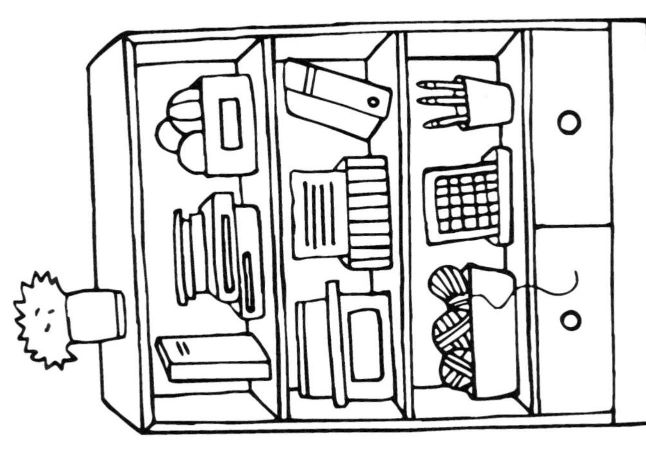

Stationenarbeit

Tagesablauf – (4/5)

Wochenplan

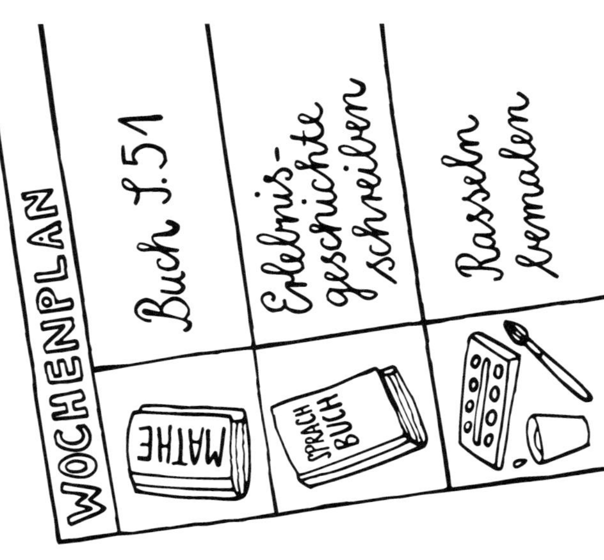

Hausaufgaben

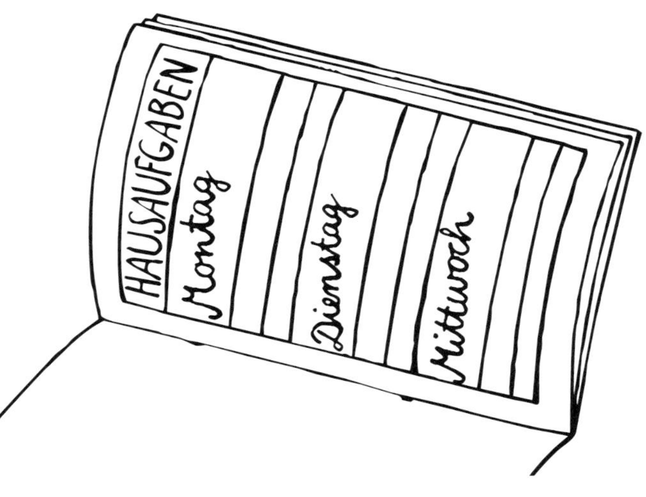

Tagesablauf – (5/5)

Entspannungspause

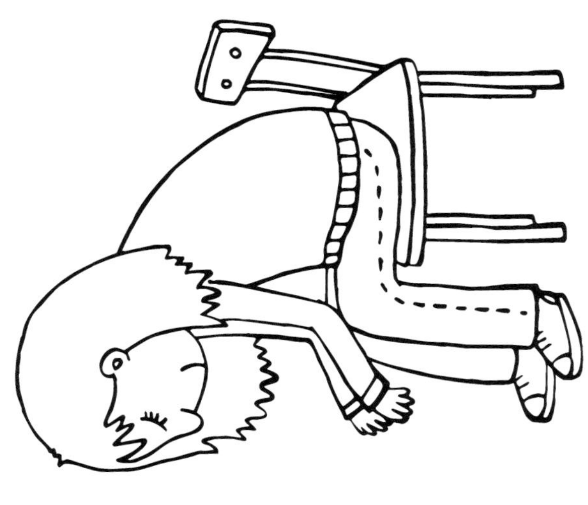

Bewegungspause

12 Der Schatz-Dienst

 **Klasse:** 1–4  **Material:** Poster (S. 39), Folienstift

Worum geht's?

Auf der morgendlichen Agenda jedes Klassenlehrers steht die Kontrolle der Anwesenheit. Auch hier bietet sich wieder eine Gelegenheit, die Kinder auf sprachlicher Ebene einzubinden. Mithilfe des „Schatzdienstes" überprüfen die Schüler die Anwesenheit ihrer Klassenkameraden, notieren die Namen der fehlenden Kinder auf einem Poster und sagen, warum sie das jeweilige Kind vermissen. Ein positiver Nebeneffekt ist die ausgeübte Wertschätzung.

Was wird geübt?

Die Kinder üben das Sprechen vor der Klasse innerhalb vorgegebener oder auch eigener Satzstrukturen.

Was ist zu tun?

Kopieren Sie das Poster (S. 39) im DIN-A3-Format und gestalten Sie es weiter aus. Wenn Sie das Poster zusätzlich laminieren, können die Namen der fehlenden Kinder vom „Schatzdienst" mit abwaschbarem Folienstift eingetragen werden. Der „Schatzdienst" teilt der Klasse die Namen der fehlenden Kinder mit und befragt die Mitschüler, warum sie das jeweilige Kind vermissen, z. B.: *„Wir vermissen heute unseren Schatz Mert. Helen, was wirst du heute vermissen, wenn Mert nicht bei uns ist?"* Je nach Sprachstand des Kindes müssen die Sätze ggf. von Ihnen oder einem Mitschüler vorgesprochen werden.

Schatz-Poster

Heute vermissen wir unseren Schatz

....

Wir denken an dich und hoffen, dass du bald wieder bei uns sein kannst!

13 Sprüche für den Stuhlkreis

 **Klasse:** 1–4  **Material:** –

Worum geht's?

Im Grundschulunterricht kommen die Kinder häufig im Stuhlkreis zusammen (z. B.: zu Beginn des Unterrichts, in Erarbeitungsphasen, beim Vorlesen). Sie können den Aufbau des Stuhlkreises für die DaZ- und Sprachförderung nutzen, indem Sie die Kinder ihr Handeln mit einem passenden Spruch begleiten lassen.

Was wird geübt?

Die Kinder üben den zügigen und strukturierten Aufbau eines Stuhlkreises und begleiten ihr Handeln durch gemeinsames, rhythmisches Sprechen.

Was ist zu tun?

Bitten Sie die Kinder, in einem Stuhlkreis zusammenzukommen, und sagen Sie dabei einen der folgenden Sprüche auf:

Wir kommen in den Kreis,
in den Kreis, in den Kreis.
Und sind wir auch ganz leis',
ganz leis', ganz leis',
wird er wunderschön, unser Kreis,
unser Kreis, unser Kreis.

Einen Kreis, den machen wir,
denn dafür sind wir hier.
Wir sind ganz schnell und leis'
und machen ihn rund, den Kreis.
Hier sitzen wir nun gern,
denn niemand ist uns fern.

Fordern Sie die Klasse zum Mitsprechen auf und wiederholen Sie den Spruch so oft, bis sich alle Kinder mit ihren Stühlen im Kreis befinden.

14 Der „Chef-Einrichter" für den Stuhlkreis

 **Klasse:** 1–4  **Material:** –

Worum geht's?

Es gibt viele Varianten und Möglichkeiten, mit der Klasse schnell und ohne Chaos im Stuhlkreis zusammenzukommen. Um hier zusätzlich etwas Zeit zu sparen, sind die Abläufe meist ritualisiert und damit auch weitgehend automatisiert. Ein Ritual kann es sein – z. B. im Rahmen eines Klassendienstes (s. S. 30/31) – , ein Kind als „Chef-Einrichter" für den Stuhlkreis zu bestimmen. Seine Aufgabe ist es, für die reibungslose Zusammenkunft der Klasse im Stuhlkreis zu sorgen.

Was wird geübt?

Die Kinder üben neben der selbstständigen Organisation eines Stuhlkreises auch das Sprechen vor der Klasse.

Was ist zu tun?

Bestimmen Sie jede Woche ein anderes Kind für das Amt des „Chef-Einrichters". Zeigen Sie den Kindern zunächst am eigenen Beispiel, worauf sie als „Chef-Einrichter" achten sollen (z. B. tischweise Zusammenkunft im Stuhlkreis, geringe Lautstärke, ausreichender Kreisumfang), und unterstützen Sie sie in ihrer Rolle. Mit zunehmender Sicherheit der Kinder können Sie die Anleitung nach und nach abbauen. Je nach Lernvoraussetzung kann es hilfreich sein, den Kindern die für das Amt benötigten Satzbausteine vorzugeben, z. B.:

- *„Die Kinder vom Gruppentisch XY kommen bitte in den Stuhlkreis!"*
- *„Anna, komm bitte in den Stuhlkreis!"*
- *„Konrad, kannst du mit deinem Stuhl bitte noch etwas nach vorn/hinten/links/rechts rücken?"*

15 Der Erzählkreis

 **Klasse:** 1–4  **Material:** Beobachtungsbogen (S. 43)

Worum geht's?

Der Erzähl-/Gesprächskreis ist wohl die populärste Form ritualisierter Gesprächsförderung. Die Themen können sich auf die Erlebnisse des Wochenendes/der Ferien oder auch auf festgelegte Inhalte beziehen. Neben der DaZ- und Sprachförderung kann der Erzählkreis auch dazu genutzt werden, eine Gesprächskultur in der Klasse anzubahnen.

Was wird geübt?

Die Kinder üben das Sprechen vor der Klasse, das aktive Zuhören und das gezielte Nachfragen. Ihr Sprachstand lässt sich mithilfe des Beobachtungsbogens (S. 43) erfassen.

Was ist zu tun?

Sorgen Sie als Moderator für eine angenehme Gesprächsatmosphäre, in der sich die Kinder zutrauen, frei zu sprechen. Klar gegliederte Abläufe und vorgegebene Satzbausteine geben zusätzliche Sicherheit, z. B.:

Phasen	**Satzbausteine**
1. Im Kreis begrüßen	*„Guten Morgen", „Mir geht es gut", „Wie geht es dir?"*
2. Erzählen	*„Wer möchte etwas erzählen?", „Ich wähle …", „Ich gebe das Wort weiter an …"*
3. Fragen	*„Wer hat eine Frage?", „Was möchtest du wissen?", „Ich habe eine Frage", „Kannst du das bitte wiederholen?"*

Beobachtungsbogen für den Erzählkreis

Name des Schülers:	Bewertung			
	☺	😐	☹	Bemerkungen
Rituale				
kommt in den Erzählkreis				
blickt vor dem Erzählen in die Runde				
gibt das Wort weiter				
schaut den Erzähler an				
verlässt den Erzählkreis				
Sprache				
spricht laut und deutlich				
spricht in vollständigen Sätzen				
trifft eine angemessene Wortwahl				
Sprachverständnis				
fragt gezielt nach				
beantwortet Fragen genau				
Regeln				
hält Gesprächsregeln ein				

16 Der Gruppen-Erzählkreis

 **Klasse:** 3–4  **Material:** Satzbausteine (S. 12–14)

Worum geht's?

Es gibt Tage, da ist ein Schulmorgen einfach zu kurz. Doch auch wenn die Zeit drängt, sollte das Erzählbedürfnis der Kinder nicht in den Hintergrund treten. Der Gruppen-Erzählkreis ist eine zeitökonomische Variante des herkömmlichen Erzählkreises, bei der die Kinder sich in kleineren Gesprächsgruppen untereinander austauschen können.

Was wird geübt?

Das Erzählen in der Kleingruppe fördert die gleichen Kompetenzen wie der herkömmliche Erzählkreis: Die Kinder üben das Sprechen vor der Klasse, das aktive Zuhören und das gezielte Nachfragen. Durch die reduzierte Gruppengröße werden Sprechhemmungen abgebaut sowie das aktive Zuhören und das gezielte Nachfragen erleichtert.

Was ist zu tun?

Beim Gruppen-Erzählkreis tauschen die Kinder sich weitgehend selbstständig untereinander aus. Damit dies gelingt, bedarf es etwas Übung und klarer (Gesprächs-)Regeln. Für die Kinder ist es hilfreich, wenn Sie den Ablauf der Gesprächsrunde an der Tafel festhalten (1. Im Kreis begrüßen, 2. Erzählen, 3. Fragen) und einige Satzbausteine vorgeben (s. S. 12–14). Achten Sie bei der Zusammensetzung der Gruppen auf ein ausgeglichenes Sprachniveau der Schüler und bestimmen Sie für jede Kleingruppe einen Moderator, der das Gespräch am Laufen hält.

Unterrichtsbausteine

Im folgenden Kapitel finden Sie Anregungen, Ideen, Konzepte und Vorschläge für einen Unterricht, der die Aspekte einer gewinnbringenden und effizienten DaZ- und Sprachförderung berücksichtigt. Grundgedanke dieser Ideen ist die integrative Einbettung in den gewöhnlichen Stundenablauf.

17 Sich mit einem Bild vorstellen

 **Klasse:** 1–4

 **Material:** Digitalkamera, Drucker, Papier (DIN A3), Schere, Klebstoff, Buntstifte, Zeitschriften

Worum geht's?

Einander zu kennen ist die wohl grundlegendste Voraussetzung für eine vertrauensvolle und ungehemmte Kommunikation untereinander. Die Vorstellung mithilfe eines selbsterstellten Bildes eignet sich dabei in besonderer Weise: Die Kinder haben zunächst einmal Zeit, darüber nachzudenken, was sie über sich preisgeben möchten. Bei der anschließenden Vorstellungsrunde dient ihnen das fertige Bild zudem als Erinnerungs- und Strukturierungshilfe. Für DaZ-Kinder ist es darüber hinaus eine Hilfe, um sich nachvollziehbar ausdrücken, aber auch um die Mitschüler besser verstehen zu können.

Was wird geübt?

Die Kinder üben, vor der Klasse zu sprechen, indem sie sich ihren Mitschülern mithilfe eines selbsterstellten Bildes vorstellen. Eine abschließende Quizrunde zu den einzelnen Kindern (z. B.: „*Welcher eurer Mitschüler spielt Schlagzeug?*") fördert zudem das aktive Zuhören.

Was ist zu tun?

Machen Sie mithilfe einer Digitalkamera von jedem Kind ein Porträt-Foto und drucken Sie dieses auf DIN-A4-Papier aus. Die Kinder schneiden ihren Kopf aus, kleben ihn auf ein Blatt Papier im DIN-A3-Format und zeichnen den Umriss ihres Körpers. Die Silhouette füllen sie dann mit Informationen zur eigenen Person, indem sie z. B. einzelne Wörter schreiben, Symbole zeichnen oder passende Bilder einkleben. Mithilfe der fertigen Bilder stellen die Kinder sich dann im Plenum vor.

18 Das Partner-Interview

 **Klasse:** 1–4

 **Material:** Fragebogen (S. 48)

Worum geht's?

Für die DaZ- und Sprachförderung ist es wichtig, dass sich die Kinder in einer Klasse gut kennen und einander vertrauen. Das erleichtert die Kommunikation und Zusammenarbeit erheblich. Das Partner-Interview bietet eine hervorragende Gelegenheit, einander (besser) kennenzulernen, und fördert nebenbei die Sprachkompetenz der Kinder.

Was wird geübt?

Die Kinder führen ein Gespräch mit einem Mitschüler. Dabei üben sie, einander Fragen zu stellen, aktiv zuzuhören, sich Informationen zu merken und diese mündlich wiederzugeben.

Was ist zu tun?

Erklären Sie den Ablauf des Partner-Interviews. Dieser gestaltet sich folgendermaßen: Die Kinder arbeiten zu zweit. Für das Interview verwenden sie einen Fragebogen (S. 48) und erhalten so wichtige Informationen über ihren Partner. Anschließend stellen sich die Kinder gegenseitig ihren Mitschülern vor.

Variation

Sie können anstelle des Fragebogens auch einen Notizzettel für das Interview ausgeben. Die Kinder können dann eigene Fragen entwickeln und etwas stärker ins Detail gehen. Als Hilfestellung können auch Beispielfragen vorgegeben werden.

Fragebogen für das Partner-Interview

Befrage einen Partner. Stelle ihn dann der Klasse vor.

1. Wie heißt du?
2. Wie alt bist du?
3. Was kannst du am besten?
4. Was fällt dir besonders schwer?
5. Womit beschäftigst du dich gern?
6. Was ist deine größte Macke?
7. Welche Farbe magst du am liebsten?
8. Was ist dein Lieblingsessen/ dein Lieblingsgetränk?
9. Was ist deine liebste Sportart?
10. Welche Musik magst du gern?
11. In welchem Land würdest du gern leben?
12. Was ist dein Berufswunsch?
13. Was magst du an anderen am meisten?
14. Was macht dich so richtig wütend?
15. ....

....

....

19 Der Blindenführer

 **Klasse:** 1–4

 **Material:** Augenbinde, Gegenstände für Parcours

Worum geht's?

Bei dem Spiel „Der Blindenführer" wird ein Kind, das eine Augenbinde trägt, von einem Mitschüler durch einen Parcours geführt. Diese Übung stärkt das gegenseitige Vertrauen und fördert nebenbei die Sprachkompetenz der Kinder.

Was wird geübt?

Die Kinder verbalisieren ihr Handeln, während sie ihren Partner durch den Parcours führen. Ganz nebenbei werden dabei Aufforderungssätze und Präpositionen geübt (z. B.: *„Wir gehen jetzt geradeaus"*, *„Stopp, wir müssen nun nach links gehen"*, *„Steige nun auf die Kiste!"*).

Was ist zu tun?

Bei dieser Übung müssen lediglich die Regeln erläutert werden:

- Regel 1: Ich achte auf meinen Partner.
- Regel 2: Ich darf meinen Partner nur mit mündlichen Anweisungen steuern.
- Regel 3: Die Hand auf der Schulter ist für Notfälle gedacht, nicht zum Steuern.

Variation

Das Spiel lässt sich auch ohne Augenbinde als sogenanntes „Roboterspiel" durchführen. Ein Kind steuert hierbei ein anderes Kind (Roboter) mithilfe festgelegter Kommandos (z. B.: *„Einen Schritt vor!"*, *„Links drehen!"*, *„Rechts drehen!"*) zu einem festgelegten Ziel.

20 So arbeite ich richtig

 **Klasse:** 1–4  **Material:** Leitfaden (S. 51)

Worum geht's?

Oft beklagen sich Kollegen darüber, dass Kinder nicht genug nachdenken, Aufgabenstellungen nicht lesen und immer wieder die Erklärungen der Lehrkraft einfordern. Ein Leitfaden zum richtigen Arbeiten sowie die Einbeziehung der Mitschüler können hier Abhilfe schaffen und gleichzeitig zur Sprachförderung beitragen.

Was wird geübt?

Die Kinder arbeiten mithilfe des Leitfadens zunehmend selbstständig: Sie hören den Anweisungen der Lehrkraft gut zu („*Was muss ich erledigen?*"), lesen die Aufgabenstellung („*Was ist die Aufgabenstellung?*") und denken nach („*Was muss ich tun, um die Aufgabe zu lösen?*"), bevor sie andere um Hilfe bitten. Hat ein Kind eine Frage, die es nicht allein beantworten kann, wendet es sich zunächst an einen Mitschüler („*Ich schaffe es nicht allein.*"): Die Schüler tauschen sich aus, stellen Fragen und erklären Lösungen einander. Kann auch der Mitschüler die Frage nicht beantworten („*Wir schaffen es nicht allein.*"), darf das Kind die Lehrkraft um Hilfe bitten.

Was ist zu tun?

Kopieren Sie den Leitfaden (S. 51) für jedes Kind und machen Sie Ihre Schüler mit dessen Ablauf vertraut.

So arbeite ich richtig! – Leitfaden

1. 	Ich höre gut zu.
2. 	Ich lese und hake ab.
3. 	Ich denke nach.
4. 	Ich bitte ein anderes Kind um Hilfe.
5. 	Ich bitte meinen Lehrer um Hilfe.

21 Die Partnerarbeit

 **Klasse:** 1–4

 **Material:** Klammerkarte (S. 53), Wäscheklammern

Worum geht's?

Die Partnerarbeit ist eine beliebte kooperative Arbeitsform in der Grundschule. Besonders im kommunikativen Bereich kann sie sehr lernwirksam eingesetzt werden. Sie sollte aber unbedingt richtig initiiert bzw. strukturiert werden, damit die Kinder tatsächlich in den mündlichen Austausch treten.

Was wird geübt?

In der Partnerarbeit tauschen sich die Kinder über ein bestimmtes Thema aus. Sie strukturieren ihren Arbeitsprozess weitgehend selbstständig, treffen Absprachen und einigen sich auf eine Vorgehensweise. Mithilfe der Klammerkarte (S. 53) halten sie ihren Arbeitsfortschritt fest und bewerten die Partnerarbeit. Das ermöglicht ein zielführendes Arbeiten.

Was ist zu tun?

Kopieren und laminieren Sie die Klammerkarte (S. 53) für jedes Zweierteam und händigen Sie jedem Team eine Wäscheklammer aus. Bevor die Kinder mit der Klammerkarte arbeiten, sollten die einzelnen Schritte gemeinsam besprochen und mögliche Fragen hierzu geklärt werden.

Klammerkarte für die Partnerarbeit

	Wir haben gemeinsam überlegt, was wir tun sollen.	
	Wir haben uns die Aufgabe geteilt.	
	Wir haben uns gegenseitig geholfen.	
	Wir haben das Ergebnis kontrolliert.	

So bewerten wir unsere Partnerarbeit:

22 Die Gruppenarbeit

 **Klasse:** 1–4

 **Material:** Klammerkarte (S. 55), Wäscheklammern

Worum geht's?

Die Gruppenarbeit stellt wohl die herausforderndste Form der kooperativen Arbeit dar. Wie bei der Partnerarbeit kann ein Leitfaden zur Strukturierung der Gruppenarbeit eingesetzt werden. Eine Rollenverteilung innerhalb der Gruppe sollte vermieden werden, da es die Kinder daran hindert, gezielt an der Lernaufgabe zu arbeiten. Zeitwächter werden dann beispielsweise dazu verleitet, nur noch auf die Zeit zu achten. Lediglich ein Moderator sollte gewählt werden, der durch die verschiedenen Phasen der Gruppenarbeit führt.

Was wird geübt?

In der Gruppenarbeit müssen die Kinder aus kommunikativer Sicht viele Herausforderungen bewältigen:

- vor der Gruppe sprechen,
- sich verständlich ausdrücken,
- Meinungen äußern und akzeptieren,
- Fragen stellen,
- sich einigen/Vereinbarungen treffen,
- Ergebnisse erklären und ggf. präsentieren.

Was ist zu tun?

Kopieren und laminieren Sie die Klammerkarte (S. 55) für jede Kleingruppe und händigen Sie jedem Team eine Wäscheklammer aus. Bevor die Kinder mit der Klammerkarte arbeiten, sollten die einzelnen Schritte gemeinsam besprochen und mögliche Fragen hierzu geklärt werden.

Klammerkarte für die Gruppenarbeit

	Wir haben gemeinsam überlegt, was wir tun sollen. Jeder durfte etwas sagen.	
	Jeder hat eine Teilaufgabe übernommen.	
	Wir haben unser Ergebnis in der Kleingruppe besprochen.	
	Wir haben unser Ergebnis in der Klasse vorgestellt. Jeder hat einen Teil präsentiert.	
So bewerten wir unsere Gruppenarbeit:		

23 Ergebnisse präsentieren

 **Klasse:** 2–4  **Material:** Spickzettel (S. 57)

Worum geht's?

Im Unterricht ergeben sich viele Situationen, in denen es sinnvoll ist, Ergebnisse zu präsentieren. Nun muss dies nicht zwangsläufig ein Ergebnis einer Partner- oder Gruppenarbeit am Ende einer Einheit sein. Diese Vorstellung rührt daher, dass der Begriff der Präsentation häufig künstlich und unverhältnismäßig stark aufgeplustert und sehr eng definiert wird. Dabei ist doch jede Form der Ergebnisdarstellung in gewisser Weise auch eine Präsentation. Es können also auch immer und jederzeit interessante Einzelergebnisse oder Entdeckungen präsentiert werden.

Was wird geübt?

Die Kinder üben, ein Ergebnis mündlich darzustellen. Der Spickzettel hilft ihnen beim Strukturieren der Lerninhalte, sodass sich eine nachvollziehbare Abfolge ergibt.

Was ist zu tun?

Kopieren Sie den Spickzettel (S. 57) für jeden Schüler und besprechen Sie die wichtigsten Bausteine einer Präsentation.

Spickzettel für die Ergebnis-Präsentation

Die folgenden Fragen helfen dir, ein Ergebnis verständlich und nachvollziehbar zu präsentieren. Beantworte die Fragen der Reihe nach. Gehe auf die Rückfragen deiner Mitschüler ein.

	1. Was war die Aufgabe? Worum geht es?
	2. Was ist das Ergebnis? Wie bist du darauf gekommen?
	3. Gibt es Rückfragen? (Mitschüler)

Halte während der Präsentation Blickkontakt zu deinem Publikum. Sprich laut und deutlich. Bedanke dich nach deinem Vortrag für die Aufmerksamkeit.

24 Bücher vorstellen

 **Klasse:** 2–4

 **Material:** Spickzettel (S. 59)

Worum geht's?

Die Buchvorstellung ist eine besondere Form der Präsentation. Hierbei fassen die Kinder die wichtigsten Informationen zu einem Buch für ihre Mitschüler mündlich zusammen. Weiterhin sollen kleine Einblicke in den Inhalt des jeweiligen Buches Neugier und Interesse wecken. Diese sprachliche Herausforderung erfordert eine strukturierte Vorgehensweise.

Was wird geübt?

Mithilfe des Spickzettels üben sich die Kinder darin, Bücher mündlich zu präsentieren. Hierbei müssen sie vor einer Gruppe sprechen, sich gegenseitig zuhören und sinnvolle Fragen stellen. Weiterhin können wichtige literarische Fachbegriffe aus der Literatur schrittweise eingeführt werden.

Was ist zu tun?

Kopieren Sie den Spickzettel (S. 59) für jeden Schüler und klären Sie wichtige Fachbegriffe (Autor, Schriftsteller, Klappentext etc.) Im Anschluss daran kann mithilfe einfacher Lektüren geprobt werden.

Spickzettel für die Buchvorstellung

Wie lautet der Titel?	....
Wer ist der Autor?	....
Worum geht es in deinem Buch?	....
Lies deine Lieblingsstelle im Buch vor.	Seite: ....
Wie hat dir das Buch gefallen? Begründe deine Meinung.	....

25 Improvisiertes Erzählen

 **Klasse:** 3–4  **Material:** Reizwörter (S. 61)

Worum geht's?

Kreativ sein, die Fantasie anregen und Geschichten erfinden – was sicher alle Kollegen als sogenannte Reizwortgeschichte kennen, lässt sich auch hervorragend zum improvisierten Erzählen verwenden. Die Geschichten, die hierbei entstehen, sind meist recht kurz und in der Regel sehr unterhaltsam.

Was wird geübt?

Die Schüler erfinden und erzählen in kurzer Zeit eine zusammenhängende und nachvollziehbare Geschichte. Hierbei üben sie sich im deutlichen Sprechen bzw. im erzählenden Vortrag. Kurze Handlungsstränge werden entlang vorgegebener Reizwörter entwickelt und verbalisiert.

Was ist zu tun?

Die Kinder können allein, mit einem Partner oder in der (Klein-)Gruppe eigene Geschichten mithilfe vorgegebener Reizwörter entwickeln. Entscheiden Sie sich für eine Sozialform und kopieren Sie die Reizwort-Karten (S. 61) in der entsprechenden Anzahl für Ihre Schüler. Für das gemeinsame Erzählen im Stuhlkreis empfiehlt es sich, die Karten vergrößert zu kopieren. Je nach Leistungs- und Sprachniveau Ihrer Schüler ergeben sich folgende Möglichkeiten zur Differenzierung:

- Die vorgegebenen Wörter passen gut/nicht gut zusammen.
- Es müssen wenige/viele Wörter eingebunden werden.
- Zum Erfinden der Geschichte bleibt viel/wenig Zeit.
- Die vorgegebenen Wörter müssen unauffällig in eine bekannte Geschichte eingebaut werden.

Reizwörter

Peter	ein Schatz	ein Ozean	eine Insel
eine Katze	ein Hund	ein Streit	am Zaun
ein Walfisch	eine Insel	ein Pirat	eine Pizza
im Winter	ein Schneeball	eine Mütze	ein Hamster
eine Eidechse	eine Sahnetorte	ein Sturm	im Kamin
Hassan	ein Erdbeben	eine Badewanne	in der Wüste
eine Ameise	ein Wunder	am Nordpol	ein Segelboot
ein Prinz	eine Freundin	ein Iglu	ein Seeräuber
ein Maler	eine Hochzeit	im Baumhaus	ein Telefon

26 Unpassend vorlesen

 **Klasse:** 3–4

 **Material:** Kochbuch, Rollen- und Gefühlskarten (S. 63)

Worum geht's?

Schwerpunkt dieser Übung ist das sogenannte höraktivierende Vorlesen. Hierbei nimmt der Vorleser eine bestimmte Rolle ein oder stellt ein Gefühl dar, bei dem es letztlich nicht um das Vorlesen an sich, sondern um den Ausdruck geht (Gestik, Mimik, Körpersprache, Betonung). So ist der Inhalt des Textes im Grunde egal. Die Aufgabe der Zuhörer ist es, die dargestellte Rolle bzw. das Gefühl herauszuhören.

Was wird geübt?

Bei dieser Übung liegt die Herausforderung darin, aktiv zuzuhören, zu kategorisieren und jeden Ausdruck zu deuten. Weiterhin muss der Vorleser seine Rolle so darstellen, dass sie auch erkennbar ist. Dabei übt er verschiedene Sprechweisen.

Was ist zu tun?

Kopieren Sie die Rollen- und Gefühlskarten (S. 63) und händigen Sie diese zusammen mit einem Kochbuch dem Vorleser aus. Der Vorleser liest das Rezept seinen Mitschülern vor und passt seine Gestik, Mimik, Betonung und Körpersprache der jeweiligen Rolle oder dem Gefühl an.

Rollen- und Gefühlskarten

Roboter	Sportreporter
Pfarrer	Nachrichtensprecher
Offizier	Lehrer
Marathonläufer	Zirkusdirektor
Schaffner	wütend
fröhlich	traurig
unsicher	ängstlich

27 Treppengedichte

 **Klasse:** 2–4  **Material:** Bauplan „Treppengedicht" (S. 65)

Worum geht's?

Treppengedichte reimen sich nicht zwingend. Der Name dieser Gedichtform leitet sich von ihrer äußeren Gestalt ab. Diese ähnelt einer Treppe, da in jeder Zeile ein Wort hinzukommt. So kann ganz spielerisch und kreativ die Satzbildung geübt werden.

Was wird geübt?

Die Kinder erweitern ihren Wortschatz, bilden Sätze und erarbeiten einfache Satzstrukturen.

Was ist zu tun?

Führen Sie das Treppengedicht zunächst als Kreisspiel ein: Beginnend mit einem Wort wiederholt jedes Kind bereits vorhandene Satzteile und ergänzt ein sinnvolles Wort. Was den Inhalt der Sätze betrifft, können die Kinder ihrer Kreativität freien Lauf lassen. Aus formaler Sicht gibt es nur wenige Regeln, die erarbeitet werden müssen:

- Das Treppengedicht beginnt mit einem einzelnen Wort.
- In jeder neuen Zeile kommt ein Wort dazu.
- Der fertige Satz muss grammatisch richtig sein.

Beispiel für den Aufbau:

Der
Der Igel
Der Igel saß
Der Igel saß im
Der Igel saß im Gras.

Bauplan „Treppengedicht"

Name: ……………………………………

Mein Treppengedicht

28 Doppeltreppengedichte

 **Klasse:** 2–4  **Material:** „Doppeltreppengedichte" (S. 67)

Worum geht's?

Doppeltreppengedichte sind eine erweiterte Form der sogenannten Treppengedichte (s. S. 64/65). Während einfache Treppengedichte zunächst den Fokus auf die Satzbildung lenken, kann mithilfe von Doppeltreppengedichten ein tieferer Einblick in Satzstrukturen ermöglicht werden.

Was wird geübt?

Die Kinder erweitern ihren Wortschatz, bilden Sätze und arbeiten mit komplexeren Satzstrukturen. Dabei erarbeiten sie sich die Funktion und Position von Adjektiven in Nominalgruppen und gewinnen Erkenntnisse zur Groß- und Kleinschreibung.

Was ist zu tun?

Besprechen Sie die Regeln eines Doppeltreppengedichtes:

- Jede Treppe beginnt mit einem Nomen und dessen Begleiter.
- In jeder Zeile kommt ein Adjektiv hinzu.
- Zwei Treppen werden mit einem Verb verbunden.

Beispiel für den Aufbau:
Der Lehrer
Der gute Lehrer
Der gute, herzliche Lehrer
löst
das Rätsel
das kniffelige Rätsel
das kniffelige, lustige Rätsel

Bauplan „Doppeltreppengedicht"

Name: ....

Mein Treppengedicht

Artikel Nomen

Artikel Adjektiv Nomen

Artikel Adjektiv , Adjektiv Nomen

Verb

Artikel Nomen

Artikel Adjektiv Nomen

Artikel Adjektiv , Adjektiv Nomen

29 Elfchen

 **Klasse:** 2–4

 **Material:** Bauplan „Elfchen“ (S. 69)

Worum geht's?

Elfchen sind in der Grundschule eine sehr beliebte Gedichtform. Sie bestehen aus 11 Wörtern und reimen sich nicht zwingend. Da es neben wenigen formalen Kriterien ansonsten keine festen Vorgaben für das Schreiben von Elfchen gibt, lässt sich ganz nach Bedarf der Schwerpunkt auf bestimmte sprachliche Bereiche legen.

Was wird geübt?

Die Kinder erweitern ihren Wortschatz zu einem bestimmten Thema und wiederholen die Wortarten.

Was ist zu tun?

Besprechen Sie mit den Kindern den Aufbau eines Elfchens:

1. Zeile: 1 Wort → Thema
2. Zeile: 2 Wörter
3. Zeile: 3 Wörter
4. Zeile: 4 Wörter
5. Zeile: 1 Wort → Zusammenfassung

Beispiel für den Aufbau:

Oktober
Blätter fallen
Sturm zieht auf
Drachen fliegen am Himmel
Herbst

Bauplan „Elfchen"

Name: ....

Mein Elfchen

______

______ ______

______ ______ ______

______ ______ ______ ______

______

30 Haiku

 **Klasse:** 2–4

 **Material:** Bauplan „Haiku" (S. 71)

Worum geht's?

Haikus sind traditionelle japanische Gedichte, die sich in der Regel nicht reimen. Als Momentaufnahmen beschreiben sie ein Ereignis in kurzen, schlichten Sätzen. In der Grundschule erfreut sich diese Gedichtform wachsender Beliebtheit, da sie einen kreativen Schreibanlass bietet bzw. einen motivierenden produktiven Umgang mit Lyrik ermöglicht. Als kürzeste anerkannte Gedichtform der Welt besteht ein Haiku nur aus 3 Zeilen und 17 Silben.

Was wird geübt?

Die Kinder verfassen ein Haiku. Hierfür wählen sie geeignete Wörter aus, die sie zu sinnvollen Sätzen verbinden. Dabei richten sie sich nach der Anzahl der vorgegebenen Silben pro Zeile. Hilfreich kann es sein, wenn die Kinder ihre Momentaufnahme vor dem Verfassen zeichnen oder malen.

Was ist zu tun?

Besprechen Sie mit den Kindern den Aufbau eines Haikus:

1. Zeile:	5 Silben	Der Herbst ist vorbei.
2. Zeile:	7 Silben	Die bunten Blätter sind fort.
3. Zeile:	5 Silben	Es ist kalt und grau.

Üben Sie das Silbenklatschen und geben Sie ggf. eine Wörtersammlung zu einem bestimmten Thema (z. B.: Freundschaft, Natur, Familie) vor. Die Gliederung in Zeilen und Silben sollte in jedem Fall gemeinsam erarbeitet werden.

Bauplan „Haiku"

Name: ....

1. Zeichne hier deine Momentaufnahme.

2. Schreibe hier dein Haiku auf.

....

1. Zeile (5 Silben):

....

2. Zeile (7 Silben):

....

3. Zeile (5 Silben):

31 Diktate einmal anders

 **Klasse:** 1–4  **Material:** ggf. Würfel, Plättchen

Worum geht's?

Der Begriff „Diktat" ist über alle Schularten hinweg eher negativ besetzt. Viele Schüler verbinden damit langweilige Rechtschreibübungen, Prüfungsstress und vor allem Frust. Diktate müssen aber nicht auf den Bereich „Richtig schreiben" beschränkt sein. Im Grundschulunterricht sind Mal- oder auch Bau-Diktate beliebte Alternativen, die sich auch für die DaZ- und Sprachförderung nutzen lassen.

Was wird geübt?

Bei einem Mal-Diktat „diktieren" die Kinder sich gegenseitig kleine Bilder, während bei einem Bau-Diktat die richtige Anordnung von Würfeln oder anderem Legematerial im Vordergrund steht. Die Kinder üben das genaue Beschreiben und Zuhören und betreiben aktive Wortschatzarbeit (z. B.: Präpositionen, Farben). Im Hinblick auf einen sprachsensiblen Fachunterricht ist diese Thematik von großer Bedeutsamkeit, da auf diese Weise auch Fachsprache angebahnt und vertieft werden kann. Die fertige Zeichnung bzw. die Anordnung des Legematerials gibt Hinweise auf das Hörverstehen bzw. die Qualität der Beschreibung.

Was ist zu tun?

Abhängig von der Diktatauswahl müssen Sie entweder eine Bildvorlage oder Legematerial (z. B.: Würfel, Plättchen) bereitstellen. Der Umfang des Materials richtet sich dabei nach der gewählten Sozialform: Beide Diktatformen lassen sich in Partner- und Gruppenarbeit oder im Klassenverband durchführen.

32 Blinder Maler

 **Klasse:** 2–4  **Material:** Augenbinden, Papier, Farben

Worum geht's?

Mit verbundenen Augen zu malen ist für alle Kinder eine ganz besondere Erfahrung, die häufig zu überraschenden Ergebnissen führt. Ähnlich wie beim Mal- oder Bau-Diktat (s. S. 72) malen die Kinder nicht einfach drauf los, sondern nach den mündlichen Anweisungen der Lehrkraft oder eines Mitschülers.

Was wird geübt?

Kern dieser Übung ist das Hörverstehen. Wie bei einem Mal-Diktat können aber auch hier Bilder vorgegeben werden, sodass das genaue Beschreiben wieder an Bedeutung gewinnt und ganz gezielt Wortschatz aufgebaut werden kann.

Was ist zu tun?

Legen Sie Augenbinden in ausreichender Anzahl bereit. Zum Malen können die Kinder Bunt- und Filzstifte, Wachsmaler oder auch Wasserfarben verwenden. Insbesondere die Arbeit mit Wasserfarbe führt häufig zu besonders schönen Ergebnissen, sollte aber nur mit einem Malerkittel durchgeführt werden. Festgelegte Plätze der Mal-Utensilien auf dem Tisch erleichtern zudem die Orientierung und verhindern dabei ungewollte Missgeschicke, wie z. B. das Umkippen des Wasserbechers.

33 Märchen nacherzählen

 **Klasse:** 1–4

 **Material:** Märchen „Der süße Brei“ (S. 75)

Worum geht's?

Märchen sind aus dem Alltag von Kindern kaum wegzudenken. Sie sind fesselnd, faszinierend und sehr eingängig zugleich. Märchen eignen sich für die DaZ- und Sprachförderung in besonderer Weise, da sie meist über nur einen Handlungsstrang verfügen und sich bestimmte Handlungen und sprachliche Wendungen wiederholen. Auch interkulturelles Lernen kann hier gefördert werden, da Märchen in fast allen Kulturkreisen vorkommen.

Was wird geübt?

Die Kinder üben, ein Märchen mündlich und nachvollziehbar nachzuerzählen. Für jeden Sprachstand wird man hier sehr schnell fündig: So gibt es neben kurzen Märchen mit einfachen sprachlichen Wendungen auch längere und sprachlich anspruchsvollere Märchen.

Was ist zu tun?

Stellen Sie eine Auswahl an Märchen zusammen und berücksichtigen Sie dabei den Sprachstand Ihrer Schüler. Wählen Sie je nach Lernvoraussetzung der Kinder unter folgenden Erzählhilfen und Präsentationsformen aus:

Erzählhilfen	Präsentationsformen
■ Stichpunkte vorgeben ■ Bilder zu Abschnitten vorgeben ■ Bilder zu Abschnitten von Kindern malen lassen ■ Satzbausteine vorgeben	■ Erzählen ohne Visualisierungen ■ Erzählen mit Kamishibai ■ Erzählen mit verteilten Rollen ■ Erzählen mit Stabpuppen

Der süße Brei

Es war einmal ein Mädchen, das lebte mit seiner Mutter in einem kleinen Haus. Sie waren sehr arm und hatten nichts mehr zu essen. Die Mutter schickte das Mädchen mit einem Korb in den Wald, um nach Beeren zu suchen.

Unterwegs traf das Mädchen eine alte Frau. Die Alte schenkte ihm einen Topf und sagte: „Sprich zu dem Topf ‚Töpfchen, koche'! Und wenn er aufhören soll, sprich zu ihm ‚Töpfchen, steh'! Dann kocht der Topf so viel süßen Hirsebrei, wie du willst." Das Mädchen brachte den Topf seiner Mutter und die Not hatte ein Ende. Sooft sie wollten, konnten die beiden süßen Brei essen.

Eines Tages war das Mädchen ausgegangen. Da sprach die Mutter: „Töpfchen, koche!" Da kochte der Topf und die Mutter aß sich satt. Nun wollte sie, dass der Topf wieder aufhörte zu kochen. Aber sie hatte das Zauberwort vergessen. Und so kochte der Topf immer weiter. Der Brei stieg über den Rand hinaus, er füllte die Küche und das ganze Haus, quoll auf die Straße, durch die Gassen – als sollte die ganze Welt satt werden.

In der Stadt war große Not. Und als nur noch ein einziges Haus aus dem Brei herausragte, kam das Mädchen endlich nach Hause. Es sprach: „Töpfchen, steh!" Da hörte der Topf auf zu kochen. Wer aber in die Stadt wollte, der musste sich durchessen.

Nach den Gebrüdern Grimm

34 Die Bildbetrachtung

 **Klasse:** 1–4  **Material:** Bild eines Künstlers

Worum geht's?

Die Thematisierung von Künstlern und ihren Werken ist fest in den Bildungsplänen für den Kunstunterricht verankert. Hierzu zählt auch die Bildbetrachtung, anhand derer z. B. typische Arbeitstechniken oder Bildinhalte erarbeitet und nebenbei die sprachlichen Kompetenzen der Schüler gefördert werden können.

Was wird geübt?

Die Kinder üben, Kunstwerke genau zu beschreiben und zu interpretieren. Je nach Bildauswahl kann hierbei der Wortschatz in verschiedenste thematische Richtungen entfaltet werden. Bilder des Künstlers Otmar Alt eignen sich z. B. zur Thematisierung von Farben und Tieren.

Was ist zu tun?

Die Bildbetrachtung sollte für die Kinder klar strukturiert werden.
Eine Möglichkeit ist es, folgende Schritte zur Orientierung einzuführen:

- **1. Beschreibung:** Was siehst du?
  Objekte, Formen, Farben …
- **2. Analyse:** Wie ist das Bild aufgebaut?
  Anordnung der einzelnen Bildelemente
- **3. Interpretation:** Warum hat der Künstler das Bild so gemalt?
  Intention des Künstlers
- **4. Beurteilung:** Wie beurteilst du das Bild?
  eigene Meinung zum Bild mit Begründung

35 ABC-Geschichten

 **Klasse:** 2–4  **Material:** –

Worum geht's?

Geschichten zu erfinden macht Kindern Spaß – vor allem dann, wenn es nur wenige Vorgaben gibt und sie ihrer Fantasie freien Lauf lassen können. Bei ABC-Geschichten gibt es nur eine einzige Vorgabe: Jeder neue Satz muss mit dem nächsten Buchstaben des Alphabets beginnen. Sie lassen sich ideal in kooperativen Arbeitsformen und komplett mündlich umsetzen. So kommen die Kinder schnell ins Gespräch und lernen voneinander.

Was wird geübt?

Die Kinder bilden Sätze und führen dabei die Ideen ihrer Mitschüler (Vorgängersatz) weiter fort.

Was ist zu tun?

Im Grunde müssen zur Vorbereitung dieser Übung keine besonderen Vorkehrungen getroffen werden. Je nach Lernvoraussetzung Ihrer Schüler empfiehlt es sich, das Alphabet zusätzlich auf Papier zur Verfügung zu stellen und Buchstaben, zu denen es nur wenige Wörter gibt, ggf. auszulassen.

Variation

ABC-Geschichten können auch sehr gut im Sitzkreis reihum entwickelt werden. So können Sie mit der ganzen Klasse eine Geschichte erfinden und haben den Sprachstand Ihrer Schüler immer im Blick.

36 Redensarten malen

 **Klasse:** 3–4  **Material:** Redensarten (S. 79)

Worum geht's?

Redensarten begegnen uns überall in unserem Alltag. Für Kinder mit einer anderen Herkunftssprache stellen sie aber eine besonders große Sprachbarriere dar, da sie meist semantisch nicht eindeutig zu erfassen sind. Aufgrund ihres metaphorischen Charakters bieten sie aber einen motivierenden Anlass, Sprache genau zu untersuchen bzw. über Bilder zu erschließen.

Was wird geübt?

Mithilfe dieser Übung erarbeiten sich die Kinder über eine gestalterische Auseinandersetzung die Bedeutung von Redensarten. Da diese im alltäglichen Sprachgebrauch verwendet werden, können hiermit Fähigkeiten in der Sprachhandlung und vor allem im Hörverstehen erweitert werden.

Was ist zu tun?

Stellen Sie den Kindern die Redensarten auf Seite 79 zur Verfügung. Fordern Sie die Kinder auf, die wortwörtliche Bedeutung der Redensarten in einem Bild darzustellen. Anhand der gemalten Bilder kann dann die tatsächliche Bedeutung der jeweiligen Redensart erschlossen werden. Dies kann gemeinsam mit der Klasse, in kleinen Gruppen oder auch in Partnerarbeit geschehen.

Redensarten

unter einer Decke stecken	ein Brett vor dem Kopf haben
jemandem einen Bären aufbinden	einen Klotz am Bein haben
sich etwas hinter die Ohren schreiben	jemandem den Buckel herunterrutschen
Geld zum Fenster hinauswerfen	sich mit fremden Federn schmücken
aus einer Mücke einen Elefanten machen	ein Auge zudrücken
auf heißen Kohlen sitzen	den Teufel an die Wand malen
abwarten und Tee trinken	an die eigene Nase fassen

37 Bewegte Gedichte

 **Klasse:** 1–4  **Material:** –

Worum geht's?

Gedichte lassen sich hervorragend für die DaZ- und Sprachförderung verwenden – vorausgesetzt, Inhalt und Zugang sind kindgerecht gewählt. Eine Möglichkeit für einen kindgerechten Zugang ist die Entwicklung von passenden Bewegungen zu den Gedichten. Die Verbindung von Sprache und Bewegung bietet den Kindern hierbei intensive Spracherfahrungen.

Was wird geübt?

Die Kinder sagen ein Gedicht auf und begleiten ihren Vortrag mit passenden Bewegungen.

Was ist zu tun?

Wählen Sie ein möglichst konkretes Gedicht aus, das sich leicht durch Bewegungen begleiten lässt (z. B.: „Ein Elefant marschiert durchs Land" von Josef Guggenmos). Tragen Sie das Gedicht vor und begleiten Sie es durch passende Bewegungen. Sie können Ihren Vortrag auch mit Materialien unterstützen, die im Gedicht vorkommen. Die Kinder ahmen zunächst nur die Bewegungen nach und ergänzen dann den Text. Hat die Klasse bereits etwas Übung, können die Bewegungen auch gemeinsam entwickelt werden. Hierfür bietet sich z. B. ein Ritual an, bei dem jede Woche ein neues Gedicht gelernt wird und gemeinsam Bewegungen dazu entwickelt werden.

38 Zungenbrecher malen und spielen

 **Klasse:** 3–4  **Material:** Zungenbrecher (S. 82)

Worum geht's?

Zungenbrecher machen Spaß und bieten neben lustigen Inhalten auch vielfältige Lerngelegenheiten. Charakteristisch für Zungenbrecher ist das sprachliche Spiel mit Alliterationen, Minimalpaaren und auch Homonymen. Sie eignen sich im DaZ- und Sprachförderunterricht hervorragend für eine kreative Auseinandersetzung und sprachliche Entdeckungen. Durch Nachspielen und Malen lassen sich Zungenbrecher auf semantischer Ebene erschließen.

Was wird geübt?

Zungenbrecher ermöglichen den Kindern Sprachentdeckungen auf verschiedenen Ebenen (z. B.: Wechsel der Wortart bei gleicher Lautierung und Schreibung – Fliegen fliegen). In Abhängigkeit vom gewählten Zungenbrecher kann der inhaltliche Schwerpunkt variieren.

Was ist zu tun?

Stellen Sie den Kindern die Zungenbrecher auf Seite 82 zur Verfügung. Fordern Sie die Kinder auf, die Redensarten in einem selbstgemalten Bild und/oder szenisch darzustellen. Dies kann gemeinsam mit der Klasse, in kleinen Gruppen oder auch in Partnerarbeit geschehen. Je nach Sprachstand der Lerngruppe sollte ein Beispiel gemeinsam erarbeitet werden.

Zungenbrecher

Fischers Fritz fischt frische Fische. Frische Fische fischt Fischers Fritz.	Zwischen zwei Zwetschgenbaumzweigen zwitschern zwei geschwätzige Schwalben.
Fünf Ferkel fressen frisches Futter.	Schwarze Katzen kratzen mit schwarzen Tatzen.
Wenn Fliegen hinter Fliegen fliegen, fliegen Fliegen Fliegen nach.	Blaukraut bleibt Blaukraut. Brautkleid bleibt Brautkleid.
Der Flugplatz-Spatz nahm auf dem Flugplatz Platz. Auf dem Flugplatz nahm der Flugplatz-Spatz Platz.	Kleine Kinder können keine Kirschkerne knacken.

39 Ein ganzes Märchen in einem Bild

 **Klasse:** 2–4  **Material:** Märchen „Das Rübenziehen" (S. 84)

Worum geht's?

Ähnlich dem Nacherzählen von Märchen (s. S. 74/75) setzen sich die Kinder bei dieser Übung intensiv mit dem Inhalt von vorgegebenen Märchen auseinander. Die Herausforderung hierbei ist es, die gesamte Handlung in einem Bild darzustellen. Märchen sind dafür hervorragend geeignet, da sie meist nur einen Handlungsstrang aufweisen und in der Regel recht kurz sind. Komplexere Märchen lassen sich auch auf Schlüsselsituationen reduzieren.

Was wird geübt?

Die Kinder üben, ein Märchen auf seine wesentlichen Aussagen zu reduzieren und entsprechend komprimiert in die Bildsprache zu übersetzen.

Was ist zu tun?

Führen Sie zum Einstieg das Märchen „Das Rübenziehen" (S. 84) ein, da sich dieses leicht in einem Bild darstellen lässt. Weitere Märchen, die sich für diese Arbeit eignen, sind:

- *Die Sternentaler*
- *Hans im Glück*
- *Die Prinzessin auf der Erbse*
- *Der Froschkönig*

Das Rübenziehen

Väterchen hat Rüben gesät. Er will eine Rübe herausziehen.
Er packt sie beim Schopf. Er zieht und zieht und
kann sie nicht herausziehen.

Väterchen ruft Mütterchen. Mütterchen zieht Väterchen.
Väterchen zieht die Rübe. Sie ziehen und ziehen und
können sie nicht herausziehen.

Kommt das Enkelchen. Enkelchen zieht Mütterchen.
Mütterchen zieht Väterchen. Väterchen zieht die Rübe.
Sie ziehen und ziehen und können sie nicht herausziehen.

Kommt das Hündchen. Hündchen zieht Enkelchen.
Enkelchen zieht Mütterchen. Mütterchen zieht Väterchen.
Väterchen zieht die Rübe. Sie ziehen und ziehen und
können sie nicht herausziehen.

Kommt das Hühnchen. Hühnchen zieht Hündchen.
Hündchen zieht Enkelchen. Enkelchen zieht Mütterchen.
Mütterchen zieht Väterchen. Väterchen zieht die Rübe.
Sie ziehen und ziehen und können sie nicht herausziehen.

Kommt das Hähnchen. Hähnchen zieht Hühnchen.
Hühnchen zieht Hündchen. Hündchen zieht Enkelchen.
Enkelchen zieht Mütterchen. Mütterchen zieht Väterchen.
Väterchen zieht die Rübe. Sie ziehen und ziehen – schwupps,
ist die Rübe heraus und das Märchen ist aus!

Russisches Volksmärchen

40 Mit Schrift gestalten

 **Klasse:** 2–4  **Material:** –

Worum geht's?

Mit Schrift zu gestalten ist im Kunstunterricht ein Themenklassiker. Die Kinder setzen sich hierbei kreativ mit Schrift auseinander und kreieren kleine Kunstwerke. Diese Übung lässt sich in leicht variierter Form auch für die DaZ- und Sprachförderung nutzen.

Was wird geübt?

Die Kinder gestalten eigene Kunstwerke mit Schrift und erweitern dabei ihren Wortschatz.

Was ist zu tun?

Legen Sie – ggf. gemeinsam mit der Klasse – Wörtersammlungen an, mit denen die Kinder eigene Kunstwerke gestalten können, z. B.:

Baumkrone
Blätter Blätter Äste Blätter
Blätter Äste Blätter Äste Blätter Äste
Blätter Äste Blätter Äste Zweige Blätter
Blätter Zweige Blätter Zweige Blätter
Blätter Blätter Blätter
Blätter Blätter
Stamm Stamm
Rinde Stamm
Stamm Rinde
Wurzeln Wurzeln Erde
Erde

41 Lange Sätze mit Adjektiven bilden

 **Klasse:** 2–4  **Material:** –

Worum geht's?

Bei diesem Spiel geht es um die Konstruktion sinnvoller Sätze. Ein vorgegebener kurzer Satz wird mithilfe von Adjektiven immer weiter verlängert, z. B.:

Die Katze klettert auf einen Baum.
Die **kleine** Katze klettert auf einen Baum.
Die **kleine** Katze klettert auf einen **großen** Baum.
Die **kleine, süße** Katze klettert auf einen **großen** Baum.
Die **kleine, süße** Katze klettert auf einen **großen, alten** Baum.

Was wird geübt?

Die Kinder üben die Konstruktion sinnvoller Sätze mithilfe von Adjektiven.

Was ist zu tun?

Geben Sie einen kurzen Satz und ggf. eine Auswahl an Adjektiven vor, durch die der Satz sinnvoll ergänzt werden kann. Erläutern Sie außerdem die Spielregeln: Es wird reihum gespielt. Jedes Kind verlängert den Satz mit einem passenden Adjektiv. Wer kein Wort mehr ergänzen kann, scheidet aus.

42 Groß, größer, am größten …

 **Klasse:** 2–4  **Material:** Wortkarten (S. 88)

Worum geht's?

Eine wichtige Eigenschaft von Adjektiven ist ihre Steigerbarkeit. Diese wird in der Alltagssprache häufig gebraucht und ist daher relevant zur Erweiterung von Sprachhandlungskompetenzen. Bei einem Zuordnungsspiel können die Besonderheiten der Steigerung verdeutlicht und eingeübt werden.

Was wird geübt?

Die Kinder steigern regelmäßige Adjektive, indem sie vorgegebenes Wortmaterial entsprechend ordnen (z. B.: klein – kleiner – am kleinsten). Mithilfe der Adjektive stellen sie anschließend Vergleiche an (z. B.: *„Ida ist klein. Anton ist kleiner als Ida. Yazan ist am kleinsten."*).

Was ist zu tun?

Die Kinder können allein, mit einem Partner oder in der (Klein-)Gruppe arbeiten. Entscheiden Sie sich für eine Sozialform und kopieren Sie die Wortkarten (S. 88) in der entsprechenden Anzahl für Ihre Schüler. Die Kinder ordnen die Adjektive nach ihren drei Steigerungsformen und stellen mündliche Vergleiche an.

Wortkarten „Adjektive"

klein	kleiner	am kleinsten
schön	schöner	am schönsten
einfach	einfacher	am einfachsten
jung	jünger	am jüngsten
lang	länger	am längsten
wild	wilder	am wildesten
kalt	kälter	am kältesten
hart	härter	am härtesten
frisch	frischer	am frischesten
heiß	heißer	am heißesten

43 Nomen-Bingo

 **Klasse:** 2–4  **Material:** Bingo-Vorlage (S. 90), Folienstifte

Worum geht's?

Bingo ist ursprünglich ein Lotteriespiel, bei dem zufällige Zahlen gezogen werden. Wer die gezogenen Zahlen in einer bestimmten Anordnung auf seiner Bingo-Karte wiederfindet, sie markiert hat und als Erster *„Bingo!"* ruft, hat das Spiel gewonnen. In der DaZ- und Sprachförderung eignet sich dieses Spiel hervorragend, um den Wortschatz eines neuen Themenfeldes zu erschließen oder zu vertiefen.

Was wird geübt?

Beim Nomen-Bingo erweitern und vertiefen die Kinder ihren Wortschatz zu einem beliebigen Thema.

Was ist zu tun?

Kopieren und laminieren Sie die Bingo-Vorlage (S. 90) für jeden Schüler. Wählen Sie ein Thema und geben Sie den passenden Wortschatz (Nomen) an der Tafel vor. Aus diesem Pool an Nomen sucht sich jedes Kind neun Wörter aus und trägt sie auf seiner Bingo-Karte ein. Nennen Sie nun drei beliebige Nomen, die Sie an der Tafel notiert haben. Die Kinder vergleichen die genannten Nomen mit den Wörtern auf ihrer Bingo-Karte: Wer alle drei Wörter diagonal, senkrecht oder waagerecht markieren kann und als Erster *„Bingo!"* ruft, hat gewonnen.

Bingo-Vorlage

Trage hier deine Wörter ein.

44 Nomen-Wettkampf mit A, E, I, O, U

 **Klasse:** 2–4 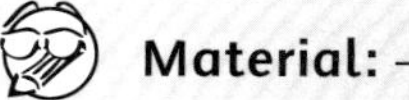 **Material:** –

Worum geht's?

Bei dieser Übung geht es darum, zu einem beliebigen Thema in fünf – zeitlich begrenzten – Runden so viele Nomen wie möglich zu finden und aufzuschreiben. In jeder Runde wird ein anderer Vokal vorgegeben, der mindestens einmal im Wort vorkommen muss.

Was wird geübt?

Beim Nomen-Wettkampf erweitern die Kinder ihren Wortschatz zu einem beliebigen Thema und berücksichtigen dabei die im Wort vorkommenden Vokale. Dieses Spiel sollte unbedingt in Partner- oder Gruppenarbeit durchgeführt werden, sodass die Kinder die Gelegenheit haben, voneinander zu lernen.

Was ist zu tun?

Ordnen Sie die Kinder als Erstes einem Partner oder einer Kleingruppe zu. Geben Sie dann ein Thema vor, zu dem die Kinder in fünf Runden passende Nomen finden sollen. Beschränken Sie jede Runde auf drei Minuten und geben Sie jedes Mal einen anderen Vokal vor. Die Kinder schreiben in jeder Runde so viele Nomen wie möglich mit dem vorgegebenen Vokal auf. Wer am Ende der fünften Runde insgesamt die meisten richtigen Nomen sammeln konnte, gewinnt das Spiel.

45 Verben-Pantomime

 **Klasse:** 2–4  **Material:** Wortkarten „Verben“ (S. 93)

Worum geht's?

Die Pantomime ist eine Variante des darstellenden Spiels. Ohne Worte und lediglich mit Mimik und Körpersprache sollen bestimmte Informationen an den Zuschauer herangetragen werden. Vielleicht fragen Sie sich nun, was ein Spiel ohne Worte mit der DaZ- und Sprachförderung zu tun haben könnte? Sehr viel, da Sprache ganz eng mit Handlung verknüpft ist. Mithilfe von einfachen Verben lässt sich dies besonders gut aufzeigen.

Was wird geübt?

Bei der Pantomime wird auf zwei Ebenen am Wortschatz gearbeitet: Zum einen muss das darstellende Kind ein vorgegebenes Wort in eindeutige Körperbewegungen übersetzen, zum anderen müssen die Zuschauer diese Bewegungen wieder in Sprache zurückübersetzen.

Was ist zu tun?

Kopieren Sie die Wortkarten (S. 93) für die Pantomime und erläutern Sie die Spielregeln: Das darstellende Kind erhält eine Wortkarte und stellt das dort zu lesende Wort pantomimisch dar. Dabei darf es keine Gegenstände verwenden. Wer als Zuschauer am schnellsten das richtige Wort errät, wird zum Darsteller.

Variation

Damit nicht immer die gleichen Kinder drankommen, können Sie sie auch in Teams gegeneinander antreten lassen. Die Darsteller treten dann jeweils im Wechsel an, sodass jedes Kind zum Zug kommt.

Wortkarten „Verben"

rennen	lachen	graben
hüpfen/springen	boxen	klettern
lesen	sitzen	werfen
nachdenken	zerreißen	sammeln
anrufen	singen	fahren
tanzen	trinken	essen
schlafen	schneiden	schreiben
kochen	zuhören	duschen
weinen	beten	fliegen
fotografieren	schwimmen	kämmen

46 Gegensatz-Domino

 **Klasse:** 1–4  **Material:** Domino-Vorlage (S. 95)

Worum geht's?

Ein wichtiges Lernfeld im Umgang mit Wortarten sind Gegensatzpaare, z. B.:

- **Adjektive:** jung – alt, schön – hässlich, groß – klein
- **Verben:** wärmen – kühlen, suchen – finden, öffnen – schließen
- **Nomen:** der Tag – die Nacht, der Anfang – das Ende, der Freund – der Feind

Gegensatzpaare lassen sich ideal mit einem Domino-Spiel einüben. Unter Berücksichtigung kooperativer Lernformen können hiermit Sprachhandlungskompetenzen trainiert und vertieft werden.

Was wird geübt?

Diese Übung lässt sich in erster Linie dem Bereich der Wortschatzerweiterung zuordnen. Den fachlichen Inhalt (Wortarten) können Sie ganz flexibel anpassen, da das Gegensatz-Domino mit Adjektiven, Verben und Nomen funktioniert. Auch Kinder, die noch nicht alphabetisiert sind, können mitmachen, wenn sie mit einem Partner zusammenarbeiten.

Was ist zu tun?

Die Kinder können allein, mit einem Partner oder in der (Klein-)Gruppe spielen. Entscheiden Sie sich für eine Sozialform und kopieren Sie die Domino-Vorlage (S. 95) in der entsprechenden Anzahl für Ihre Schüler. Beschriften Sie die Vorlage mit ausgewählten Gegensatzpaaren und schneiden Sie dann die einzelnen Teile auseinander. Die Kinder legen das Domino und fügen die Gegensatzpaare wieder zusammen.

Gegensatz-Domino

START			
			ENDE

47 Unsinnige Sätze würfeln

 **Klasse:** 2–4  **Material:** Wörter-Würfel (S. 97-100)

Worum geht's?

Bei dieser Übung geht es um das Spiel mit Satzkonstruktionen. Die Kinder erhalten drei beschriftete Würfel (Subjekt, Prädikat und Ortsergänzung), mit denen sie kurze, unsinnige Sätze bilden. Mithilfe der Blanko-Vorlage lassen sich die Sätze verlängern. Denkbar wäre beispielsweise die Zeitergänzung oder einfach nur ein Würfel mit Adjektiven.

Was wird geübt?

Mithilfe der Spielwürfel lernen die Kinder, Sätze aus drei (oder mehreren) Satzgliedern zu konstruieren. Gleichzeitig wiederholen sie die Personalpronomen und üben sich im Konjugieren von Verben.

Was ist zu tun?

Bevor diese Übung durchgeführt werden kann, müssen die Würfel hergestellt werden. Je nach Klassenstufe kann dies auch durch die Kinder geschehen. Verwenden Sie hierfür die Würfel-Vorlagen (S. 97-100) und lassen Sie die Kinder im Zweierteam oder in der Kleingruppe arbeiten. So müssen die Würfel nicht im Klassensatz hergestellt werden und die Kinder können voneinander lernen.

Wörter-Würfel – (1/4)

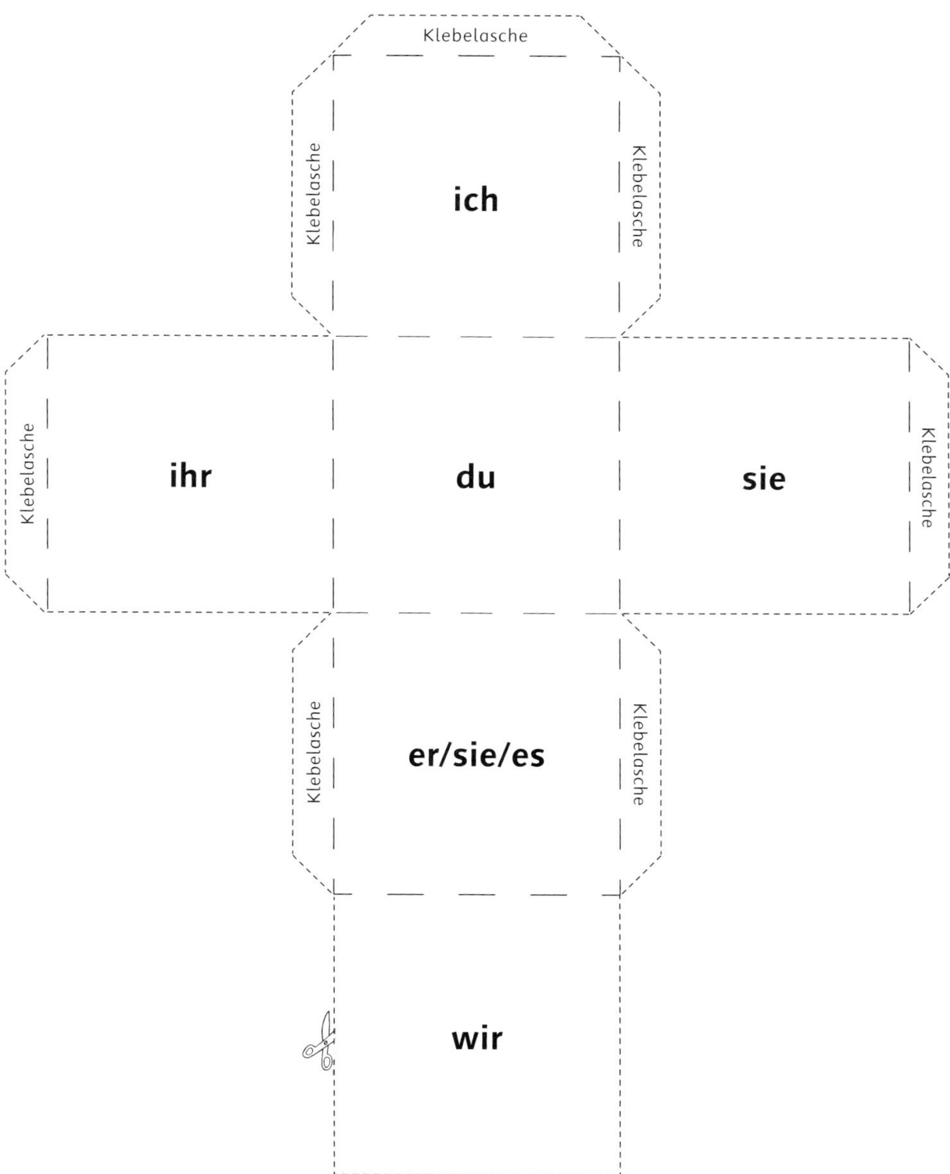

© Verlag an der Ruhr | Autor: Seiji Shigenobu | ISBN 978-3-8346-3786-4 | www.verlagruhr.de

Wörter-Würfel – (2/4)

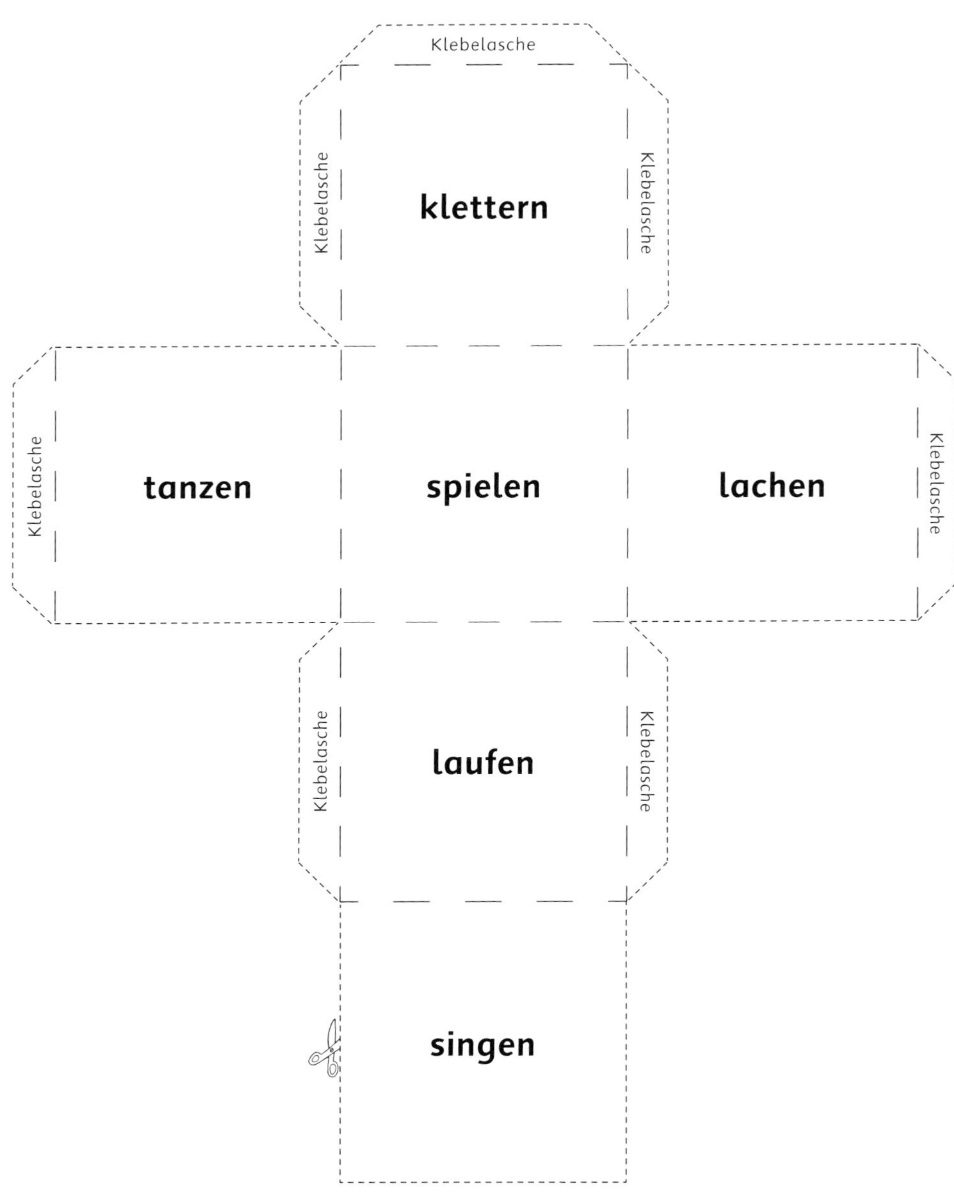

Wörter-Würfel – (3/4)

Klebelasche

Klebelasche

im Keller

Klebelasche

Klebelasche

im Teich

in der Klasse

auf dem Mond

Klebelasche

Klebelasche

auf dem Tisch

Klebelasche

im Kino

Wörter-Würfel – (4/4)

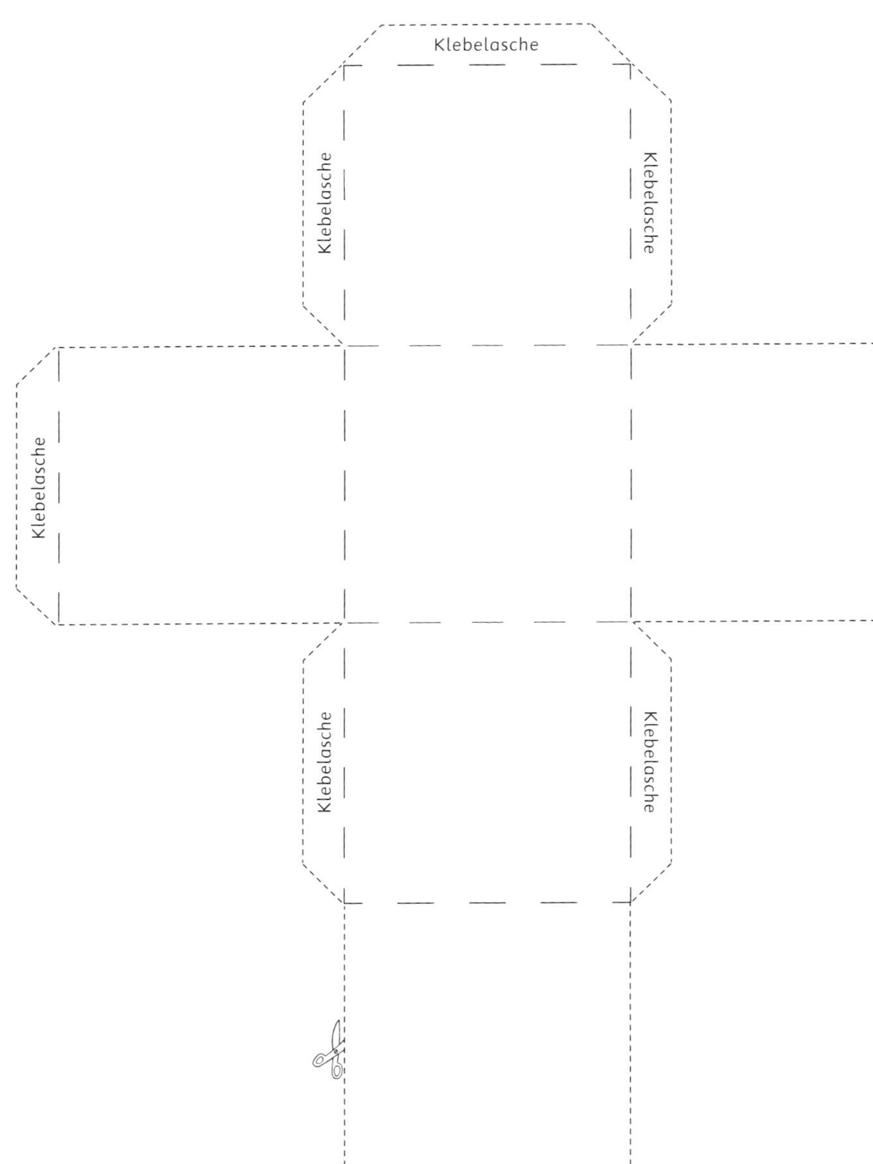

48 Wortarten-Mindmap

 **Klasse:** 2–4  **Material:** –

Worum geht's?

Mindmaps sind eine gute Möglichkeit, mit Oberbegriffen zu arbeiten und Wissen übersichtlich zu strukturieren. Im Bereich der Sprachreflexion eignen sich Mindmaps als Sortier- und Sammelübung für einen vorhandenen Wortschatz.

Was wird geübt?

Mit dieser Übung können die Kinder z. B. den Wortschatz in einem vorgegebenen Text untersuchen. In der einfachsten Variante könnte es die Aufgabe sein, Adjektive, Verben und Nomen zu bestimmen und in der Mindmap darzustellen.

Was ist zu tun?

Erklären Sie den Kindern, wie eine Mindmap erstellt wird: Die Kinder schreiben das Thema (Wortarten) in die Mitte eines DIN-A4-Blattes. Von der Mitte ausgehend gibt es Haupt- und Nebenäste. Die Hauptäste stehen für Oberbegriffe (z. B.: Adjektive, Nomen, Verben). Diesen ordnen die Kinder vorgegebene Wörter (Nebenäste) entsprechend zu.

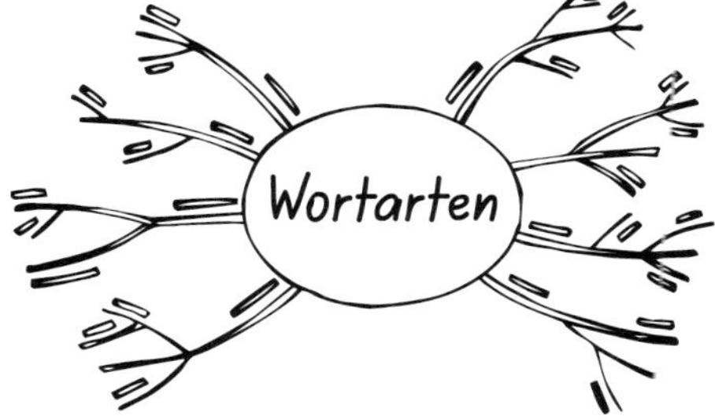

49 „Stadt-Land-Fluss" mit Wortarten

 **Klasse:** 2–4  **Material:** „Stadt-Land-Fluss"-Vorlage (S. 103)

Worum geht's?

Das Spiel „Stadt-Land-Fluss" wird oft im Sachunterricht als kleine Auflockerung für zwischendurch eingesetzt. Es lässt sich – in leicht abgewandelter Form – aber auch hervorragend für die DaZ- und Sprachförderung nutzen. So könnten anstelle bekannter Städte, Länder und Flüsse z. B. verschiedene Wortarten thematisiert werden.

Was wird geübt?

Mithilfe des Spiels erweitern und vertiefen die Kinder ihren Wortschatz zu vorgegebenen Wortarten.

Was ist zu tun?

Kopieren Sie die „Stadt-Land-Fluss"-Vorlage (S. 103) für jedes Kind und beschriften Sie die erste Zeile mit den Wortarten, die Sie behandeln möchten (z. B.: Nomen, Verb, Adjektiv). Erläutern Sie dann die Spielregeln: Zu Spielbeginn sagt ein Kind laut *„A"* und geht in Gedanken das Alphabet weiter durch. Auf das Signal eines Mitschülers (*„Stopp!"*) nennt das Kind den Buchstaben, bei dem es gerade angelangt ist. Dies ist dann der (Anfangs-)Buchstabe für die anstehende Spielrunde. Auf das Kommando *„Los!"* finden die Kinder für jede Wortart ein passendes Wort mit diesem Anfangsbuchstaben und tragen es in die Tabelle ein. Sobald das erste Kind zu jeder Wortart ein Wort gefunden hat, ruft es *„Fertig!"*. Dann ist die Begriffsfindung für die anderen Spieler beendet und die eingetragenen Begriffe werden miteinander verglichen. Für jedes richtige Wort werden Punkte vergeben: 10 Punkte, wenn das Wort von keinem anderen Mitspieler aufgeschrieben wurde, 5 Punkte bei Mehrfachnennung. Die Kinder addieren die Punkte und notieren sie in der rechten Tabellenspalte. Wer zum Ende des Spiels die meisten Punkte erzielt hat, hat gewonnen.

Stadt-Land-Fluss

.... Wortart 1	.... Wortart 2	.... Wortart 3	.... Wortart 4	Punkte

50 Wörter zusammensetzen

 **Klasse:** 2–4

 **Material:** Wortkarten „Wortpaare" (S. 105)

Worum geht's?

Bei diesem Zuordnungsspiel geht es um zusammengesetzte Nomen. Dabei sollen die Kinder mit Nomen beschriftete Wortkarten sinnvoll zusammensetzen.

Was wird geübt?

Bei dieser Übung vertiefen und erweitern die Kinder ihren Wortschatz. Das Material bietet darüber hinaus Gelegenheit zur Sprachreflexion. So können z. B. beim Wort „Regenschirm" beide Wörter unverändert zusammengesetzt, beim „Bienenstock" hingegen muss ein Fugenelement eingefügt werden.

Was ist zu tun?

Diese Übung lässt sich sehr gut in Partnerarbeit, aber auch in der Kleingruppe oder mit der gesamten Klasse durchführen. Kopieren und laminieren Sie die Wortkarten (S. 105) in entsprechender Anzahl für Ihre Schüler. Die Kinder bilden mithilfe der Wortkarten möglichst viele zusammengesetzte Nomen (z. B.: Holzhaus, Schneckenhaus, Holzleiter).

Wortpaare

Biene	Haufen	Eimer	Ameise
Holz	Schirm	Platz	Regen
schwimmen	Haus	Leiter	Schnecken
Eis	Zimmer	Kasten	wohnen
trinken	Stock	Becher	Müll
Tisch	Bein	Decke	spielen
turnen	Bad	Halle	reisen
Fuß	Würfel	Ball	Sand

51 Wörter angeln

 **Klasse:** 2–4

 **Material:** Büroklammern, Wortkarten, Schnur, Magnete

Worum geht's?

Das Angelspiel ist ein beliebtes Kinderspiel, bei dem aus einem künstlichen Teich Plastikfische geangelt werden. Für die DaZ- und Sprachförderung lässt sich diese Beute leicht durch Wortkarten und Wäscheklammern ersetzen.

Was wird geübt?

Beim Angelspiel bestimmen die Kinder die gesammelten Wörter und bilden mit ihnen sinnvolle Sätze.

Was ist zu tun?

Falls kein Angelspiel vorhanden ist, müssen Sie die Angelruten selbst herstellen. Hierfür benötigen Sie lediglich einen Holzstab mit einer Länge von ca. 40 cm, an dessen Ende Sie eine Schnur und einen kleinen Magnet befestigen. Für die „Beute" schreiben Sie die Wörter einzeln auf kleine Zettel und befestigen Sie daran eine Büroklammer. Die Büroklammern sind magnetisch, sodass die Wörter mithilfe der Angelruten von den Kindern leicht geangelt und auch ohne weiteren Aufwand getauscht werden können.

52 Wortschatzarbeit mit Körperumrissen

 **Klasse:** 2–4  **Material:** Packpapier, Stifte

Worum geht's?

Das Anfertigen von Körperumrissen ist bereits aus dem Kunst- und/oder Sachunterricht bekannt und bietet vielfältige Lerngelegenheiten mit einem motivierenden Zugang. Im Rahmen der DaZ- und Sprachförderung kann mithilfe selbst hergestellter Umrisse aktive und zielgerichtete Wortschatzarbeit betrieben werden.

Was wird geübt?

Bei dieser Übung festigen und vertiefen die Kinder ihren Wortschatz zu einem bestimmten Thema. Folgende Themenbereiche bieten sich hierfür an: Körperteile, Bekleidung, Wortarten und Wortfelder. So können die Kinder beispielsweise beim Thema „Bekleidung" die entsprechenden Kleidungsstücke kennzeichnen oder beim Thema „Wortarten" passende Verben in die Körperteile schreiben (z. B.: Kopf = denken, Hand = greifen, Fuß = gehen).

Was ist zu tun?

Legen Sie etwas Packpapier bereit und wählen Sie einige Kinder aus, deren Körperumrisse auf das Papier gezeichnet werden sollen. Die Kinder legen sich auf das Packpapier und ihre Mitschüler fertigen dann den Umriss durch Nachzeichnen der Körpersilhouette an. Anschließend beschriften die Kinder den Körperumriss mit Wörtern zu einem zuvor festgelegten Themenbereich.

53 Fragen und antworten

 **Klasse:** 2–4  **Material:** Frage- und Antwortkarten (S. 109)

Worum geht's?

Gezielt nachzufragen und richtig zu antworten sind wichtige Kompetenzen, die im Grundschulunterricht aktiv gefördert werden müssen. Die folgende Übung bietet hierzu reichlich Gelegenheit und eignet sich nebenbei auch zur Bildung zufälliger Tandems.

Was wird geübt?

Mithilfe vorgegebener Frage- und Antwortkarten stellen sich die Kinder gegenseitig Fragen und beantworten diese. Zu jeder Frage gibt es immer nur eine passende Antwort, die die Kinder entsprechend zuordnen müssen. Dadurch wird ihr Sprachverständnis nachhaltig gefestigt.

Was ist zu tun?

Kopieren Sie die Frage- und Antwortkarten (S. 109) mehrmals, sodass jedes Kind eine Karte erhält. Erläutern Sie dann die Regeln der Übung: Jedes Kind zieht zufällig eine Frage- oder Antwortkarte. Dann bewegen sich die Kinder zu leiser Musik im Raum. Stoppt die Musik, versuchen die Kinder mit den Frage-Karten, ihren Partner zu finden. Hierzu sprechen sie ein anderes Kind in ihrer Nähe an und lesen die Frage vor. Die angesprochenen Kinder lesen wiederum den Text auf ihrer Antwort-Karte vor. Haben sich zwei Partner gefunden, signalisieren sie dies, indem sie sich hinsetzen. Wer noch nicht den richtigen Partner gefunden hat, bewegt sich wieder zur Musik und spricht bei der nächsten Unterbrechung das nächste Kind an. Die Übung ist beendet, sobald jedes Kind den passenden Partner gefunden hat.

Frage- und Antwortkarten

Wie alt bist du?	Ich bin 8 Jahre alt.
Was ist dein Lieblingsessen?	Mein Lieblingsessen ist Pizza.
Wie groß bist du?	Ich bin 1,40 m groß.
Was ist dein Lieblingsgetränk?	Mein Lieblingsgetränk ist Kakao.
Wie heißt dein Goldfisch?	Mein Goldfisch heißt Blubb.
Was ist dein Hobby?	Mein Hobby ist Lesen.
Was ist dein Lieblingsfach?	Mein Lieblingsfach ist Kunst.
Was ist dein Lieblingstier?	Mein Lieblingstier ist die Giraffe.
Wie spät ist es?	Es ist .... Uhr.

54 Das Tomaten-Fragespiel

 **Klasse:** 2–4  **Material:** –

Worum geht's?

Beim Tomaten-Fragespiel stellt die Klasse einem Mitschüler (Antwortgeber) alle möglichen Fragen. Dieser darf allerdings immer nur mit einem zuvor festgelegten Wort antworten – ohne dabei zu lachen, z. B.:

Kind 1: *Wann bist du aufgestanden?*
Antwortgeber: *Tomaten.*
Kind 2: *Was hast du zum Frühstück gegessen?*
Antwortgeber: *Tomaten.*
Kind 3: *Womit hast du dir die Zähne geputzt?*
Antwortgeber: *Tomaten.*
...

Was wird geübt?

Die Kinder üben auf witzige und spielerische Art, Fragen zu formulieren.

Was ist zu tun?

Bilden Sie mit den Kindern einen Stuhlkreis und wählen Sie ein Kind aus, das die Rolle des Antwortgebers übernimmt. Erläutern Sie dann die Spielregeln: Der Antwortgeber setzt sich in die Kreismitte. Seine Mitschüler stellen ihm reihum alle möglichen Fragen, die der Antwortgeber allerdings immer nur mit einem zuvor festgelegten Wort beantworten darf. Wer es schafft, den Antwortgeber mit seiner Frage zum Lachen zu bringen, tauscht mit ihm den Platz und übernimmt seine Rolle. Nun kann eine neue Fragerunde beginnen.

Reime und Lieder für verschiedene Anlässe

Reime und Lieder bieten eine gute Gelegenheit, die DaZ- und Sprachförderung nebenbei durchzuführen. Dieses Kapitel bietet eine große Auswahl an Reimen und Liedern für verschiedene Anlässe.

55 Frühstücksreime

 **Klasse:** 1–4  **Material:** –

Worum geht's?

Das gemeinsame Frühstück ist ein fester Bestandteil im Tagesablauf einer Grundschulklasse. Durch einen gemeinsamen Reim können Sie das Frühstück jeden Morgen beginnen lassen – und nebenbei die Sprachkompetenzen Ihrer Schüler fördern.

Was wird geübt?

Reime fördern das Sprachgefühl der Kinder und ermöglichen eine erste Einsicht in Satzstrukturen und -muster. Weiterhin baut das gemeinsame rhythmische Sprechen Sprechhemmungen ab.

Was ist zu tun?

Wählen Sie einen Frühstücksreim aus, z. B.:

Piep, piep, piep!
Wir haben uns alle lieb.
Jeder isst so viel er kann,
nur nicht seinen Nebenmann.
Guten Appetit!

Wenn wir nichts kriegen, kriegen,
kriegen, essen wir Fliegen, Fliegen,
Fliegen – essen wir Fliegen, Fliegen,
Fliegen von der Wand.

Führen Sie den Reim in der Klasse ein und ergänzen Sie ihn ggf. um passende Bewegungen. Diese können gemeinsam mit den Kindern entwickelt werden.

56 Abzählreime

 **Klasse:** 1–4  **Material:** –

Worum geht's?

Abzählreime sind bei Grundschulkindern eine beliebte Vorgehensweise, um eine gerechte Wahl zu treffen. Sie kommen häufig bei Spielen zum Einsatz, bei denen einzelne Mitspieler ausgewählt werden müssen. Abzählreime lassen sich aber auch im schulischen Kontext verwenden, z. B. im Rahmen der DaZ- und Sprachförderung.

Was wird geübt?

Abzählreime sind aufgrund ihres meist lustigen Inhalts und ihrer Kürze sehr einprägsam. Jede Reimsilbe steht dabei für eine abgezählte Person. Daher sprechen die Kinder den Abzählreim automatisch rhythmisch und zerlegen einzelne Wörter in Sprechsilben. Das schafft eine enorme Sprachbewusstheit im phonologischen Bereich.

Was ist zu tun?

Setzen Sie Abzählreime im Unterricht ein, wann immer sich die Gelegenheit dazu bietet, z. B.:

Eins, zwei, drei, vier, fünf, sechs, sieben,
eine alte Frau kocht Rüben,
eine alte Frau kocht Speck,
und du bist weg.

Ene mene miste,
es rappelt in der Kiste.
Ene mene meck,
und du bist weg.

Ermuntern Sie die Kinder zum Mitsprechen. Sie werden die kurzen Reime dann schnell in ihr Sprachrepertoire aufnehmen und in Schulhofspielen einsetzen.

57 Reime zum Abschied

 **Klasse:** 1–4  **Material:** Abschiedsreime

Worum geht's?

Pünktlich zum Schulgong springen alle Kinder auf und rennen aus der Klasse. Dieses Szenario hat vermutlich jeder Klassenlehrer schon erlebt. Verhindern lässt sich dies mit einem Abschiedsreim. So werden die Kinder nicht vom Gong überrascht und stürmen nicht aus der Klasse.

Was wird geübt?

Reime fördern das Sprachgefühl der Kinder und ermöglichen eine erste Einsicht in Satzstrukturen und -muster. Weiterhin baut das gemeinsame rhythmische Sprechen Sprechhemmungen ab.

Was ist zu tun?

Wählen Sie einen Abschiedsreim aus, z. B.:

Die Schule ist zu Ende,
wir geben uns die Hände,
dürfen jetzt nach Hause gehen
und sagen: „Bis bald! Auf Wiederseh'n!"
(Einander zuwinken und Hände schütteln)

Wir waren heute fleißig
und haben viel gemacht:
gesungen und gedichtet,
geschrieben und gelacht.

Führen Sie den Reim in der Klasse ein und ergänzen Sie ihn ggf. um passende Bewegungen. Diese können gemeinsam mit den Kindern entwickelt werden.

58 Geburtstagslieder

 **Klasse:** 1–4  **Material:** Liedtexte (S. 116–118)

Worum geht's?

Hat ein Kind in der Klasse Geburtstag, bietet es sich an, ihm ein Geburtstagsständchen zu singen. Das freut das Geburtstagskind und trägt nebenbei zur DaZ- und Sprachförderung bei.

Was wird geübt?

Das gemeinsame Singen in der Zielsprache fördert die Sprachentwicklung und das Rhythmusgefühl der Kinder. Außerdem baut es Sprechhemmungen ab. So bietet das gemeinsame Singen in der Klasse eine Gelegenheit für schüchterne bzw. gehemmte Kinder, ganz unbelauscht die eigenen Sprachfertigkeiten auszubauen.

Was ist zu tun?

Üben Sie mit der Klasse mehrere Geburtstagslieder ein und geben Sie sie bei passender Gelegenheit gemeinsam zum Besten:

- *Hoch soll er leben* (S. 116)
- *Geburtstagsgruß* (S. 117)
- *Und wer im Januar geboren ist* (S. 118)

Hoch soll er leben

überliefert

F — C7 — F

Hoch soll er le - ben, hoch soll er le - ben, drei - mal hoch.

F — C7 — F

Hoch soll er le - ben, hoch soll er le - ben, drei - mal hoch!

Geburtstagsgruß

Traditionell

Und wer im Januar geboren ist

überliefert

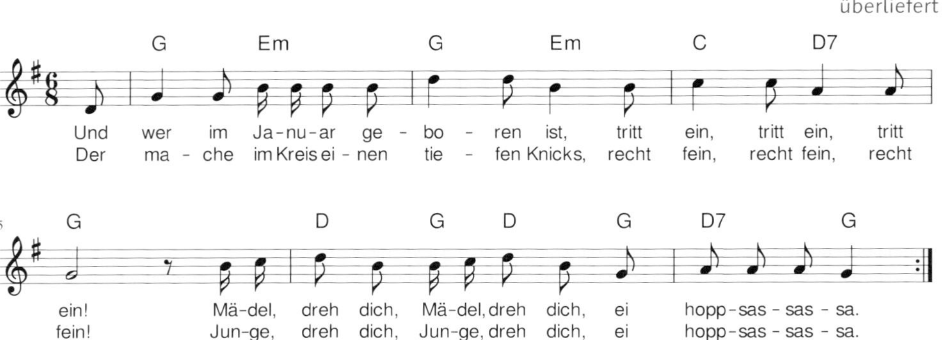

59 Lustige Lieder zur Auflockerung

 **Klasse:** 1–4  **Material:** Liedtexte (S. 119–128)

Worum geht's?

Kinder lieben es, zu singen. Insbesondere dann, wenn die Texte lustig und kindgerecht sind. So kann die Freude am Singen gezielt für die DaZ- und Sprachförderung genutzt werden. Die nachfolgenden Lieder eignen sich für zwischendurch und zur Auflockerung nach längeren Konzentrationsphasen.

Was wird geübt?

Das gemeinsame Singen in der Zielsprache fördert die Sprachentwicklung und das Rhythmusgefühl der Kinder. Außerdem baut es Sprechhemmungen ab. So bietet das gemeinsame Singen in der Klasse eine Gelegenheit für schüchterne bzw. gehemmte Kinder, ganz unbelauscht die eigenen Sprachfertigkeiten auszubauen.

Was ist zu tun?

Wählen Sie ein Lied zur Auflockerung aus und üben Sie es mit den Kindern ein:

- *Kopf und Schulter* (S. 120)
- *Zeigt her eure Füße* (S. 121)
- *Wer will fleißige Handwerker seh'n* (S. 122)
- *Die Affen rasen durch den Wald* (S. 123)
- *Grün, grün, grün sind alle meine Kleider* (S. 124)
- *Auf der Mauer, auf der Lauer* (S. 125)
- *Ein Mann, der sich Kolumbus nannt* (S. 126)
- *Häschen in der Grube* (S. 127)
- *Hänschen klein* (S. 128)

Kopf und Schulter

Englisches Kinderlied – Head and shoulders

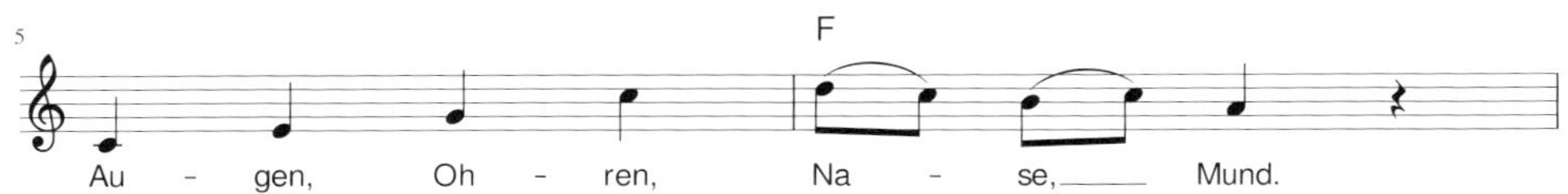

Zeigt her eure Füße

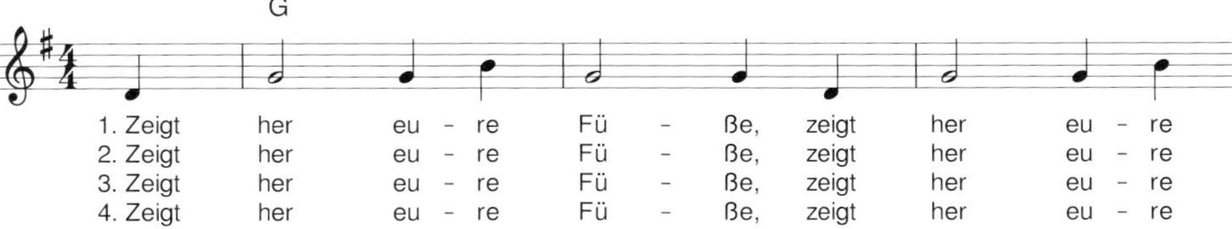

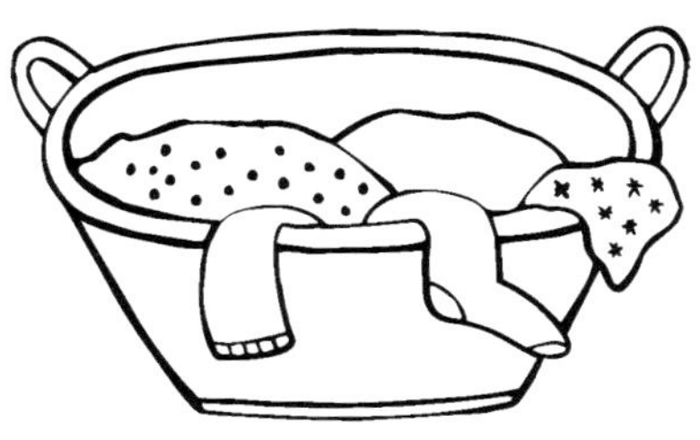

Wer will fleißige Handwerker seh'n

überliefert

G
1.-9. Wer - will flei - ßi - ge Hand - wer - ker seh'n,

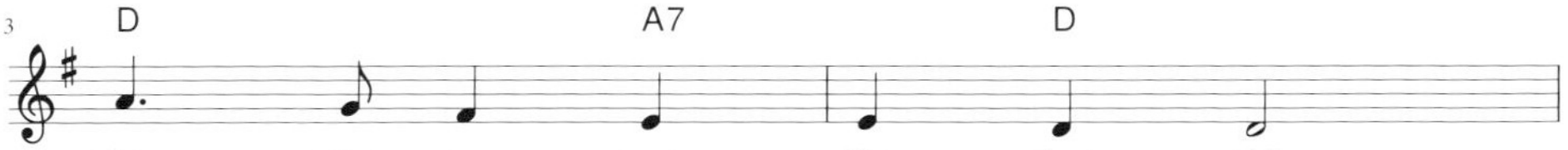

D A7 D
der muss zu uns Kin - dern geh'n.

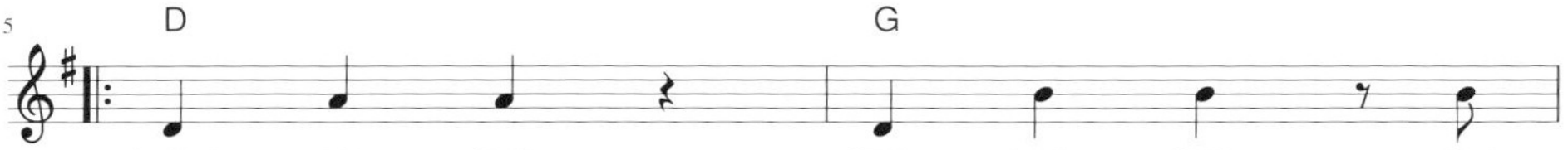

D			G			
1. Stein	auf	Stein,	Stein	auf	Stein,	das
2. O	wie	fein,	o	wie	fein,	der
3. Tau -	chet	ein,	tau -	chet	ein,	der
4. Zisch,	zisch,	zisch,	zisch,	zisch,	zisch,	der
5. Poch,	poch,	poch,	poch,	poch,	poch,	der
6. Stich,	stich,	stich,	stich,	stich,	stich,	der
7. Rüh -	re	ein,	rüh -	re	ein,	der
8. Trapp,	trapp,	drein,	trapp,	trapp,	drein,	jetzt
9. Hopp,	hopp,	hopp,	hopp,	hopp,	hopp,	jetzt

D7				G	D7	G
Häus -	chen	wird	bald	fer -	tig	sein.
Gla -	ser	setzt	die	Schei -	ben	ein.
Ma -	ler	streicht	die	Wän -	de	fein.
Tisch -	ler	ho -	belt	glatt	den	Tisch.
Schus -	ter	schus -	tert	zu	das	Loch.
Schnei -	der	näht	ein	Kleid	für	mich.
Ku -	chen	wird	bald	fer -	tig	sein.
geh'n	wir	von	der	Ar -	beit	heim.
tan -	zen	al -	le	im	Ga -	lopp.

Die Affen rasen durch den Wald

überliefert

Grün, grün, grün sind alle meine Kleider

überliefert

Auf der Mauer, auf der Lauer

überliefert

D
Auf der Mau - er, auf der Lau - er

3 A7 D
sitzt 'ne klei - ne Wan - ze. Auf der Mau - er

6 A7 D
auf der Lau - er sitzt 'ne klei - ne Wan - ze.

9 G A7
Seht euch mal die Wan - ze an, wie die Wan - ze

12 D
tan - zen kann, auf der Mau - er,

14 A D
auf der Lau - er sitzt 'ne klei - ne Wan - ze.

Ein Mann, der sich Kolumbus nannt

überliefert

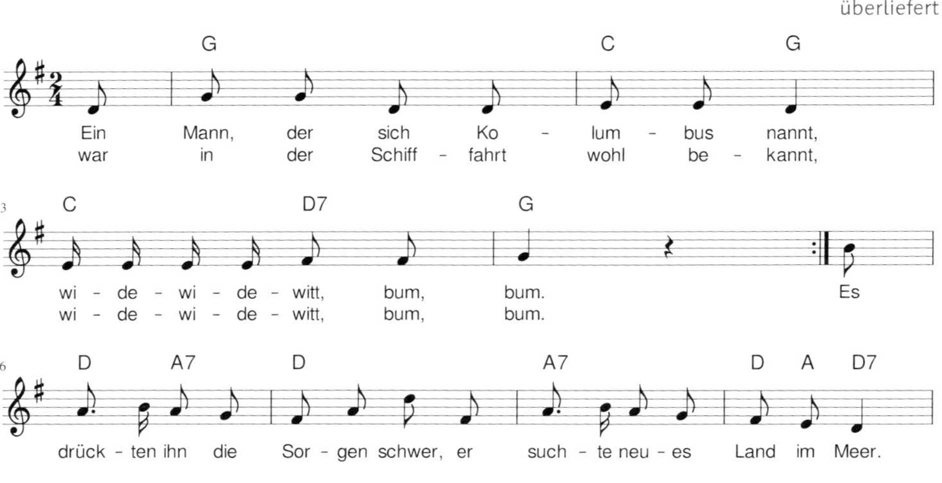

Häschen in der Grube

Friedrich Fröbel

Hänschen klein

Franz Wiedemann

60 Lieder für alle Jahreszeiten

 **Klasse:** 1–4  **Material:** Liedtexte (S. 130–136)

Worum geht's?

Fächerübergreifendes Lernen ist in der Grundschule ein durchgängiges Prinzip, um mehrperspektivisches und möglichst nachhaltiges Lernen zu ermöglichen. Häufig orientieren sich die Unterrichtsinhalte an den Jahreszeiten. Für den musischen Bereich existieren praktisch für jeden Anlass und jede Jahreszeit geeignete Lieder, die sich sehr gut in den Unterricht integrieren lassen.

Was wird geübt?

Alle nachfolgend aufgeführten Lieder sind alte deutsche Volkslieder. Neben den sprachlichen Lernkomponenten, die im Musikunterricht zum Tragen kommen, kann hier noch ein besonderes Augenmerk auf kulturelle Aspekte gelegt werden (z. B.: Lieder als Kulturgut, christlich geprägtes Liedgut).

Was ist zu tun?

Wählen Sie ein zur aktuellen Jahreszeit passendes Lied aus und üben Sie es mit den Kindern ein:

- *Alle Vögel sind schon da* (S. 130)
- *Summ, summ, summ* (S. 131)
- *Auf uns'rer Wiese gehet was* (S. 132)
- *Bunt sind schon die Wälder* (S. 133)
- *Laterne, Laterne* (S. 134)
- *O Tannenbaum* (S. 135)
- *A, a, a, der Winter, der ist da* (S. 136)

Alle Vögel sind schon da

Hoffmann von Fallersleben

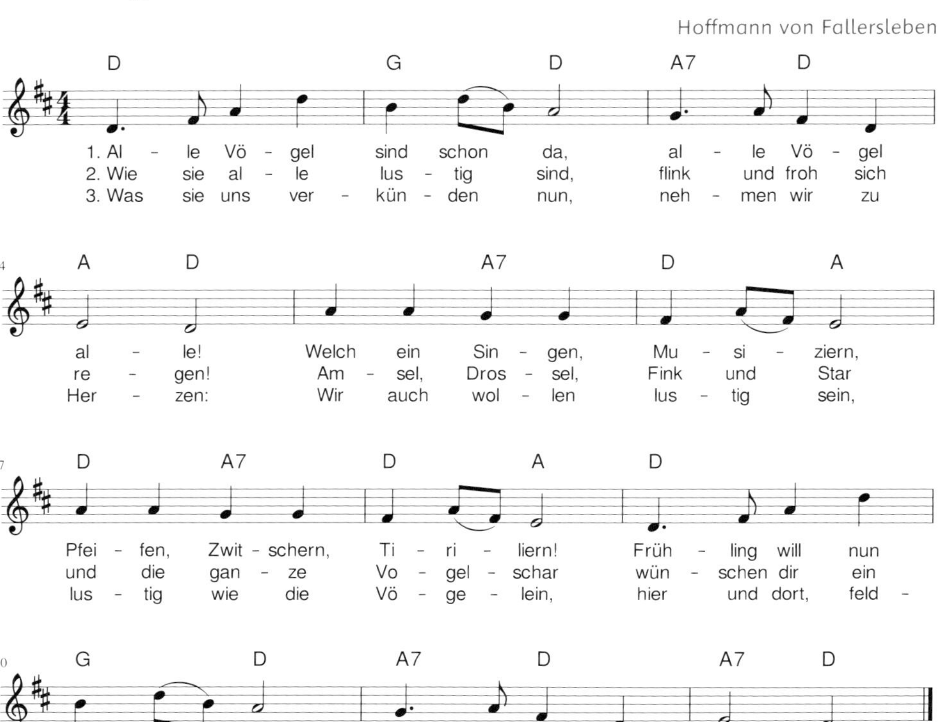

Summ, summ, summ

Auf uns'rer Wiese gehet was

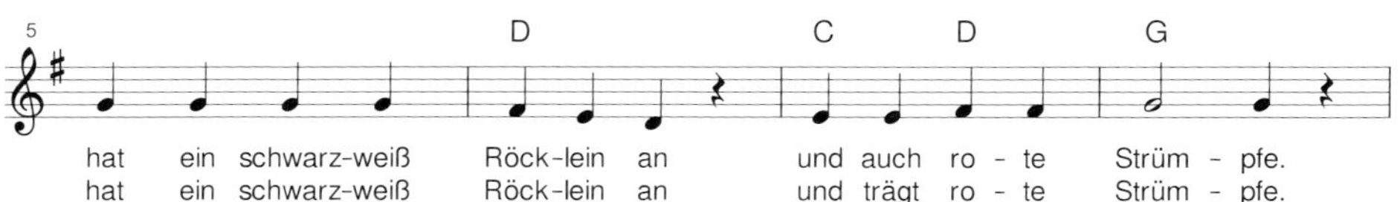

Bunt sind schon die Wälder

Johann Gaudenz Sali-Seewis
Johann Friedrich Reichardt

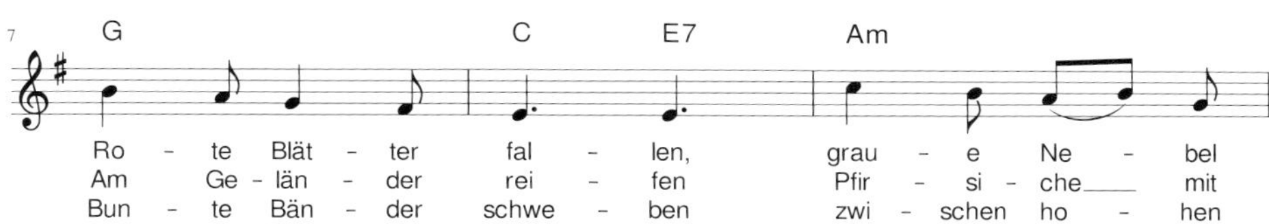

Laterne, Laterne

überliefert

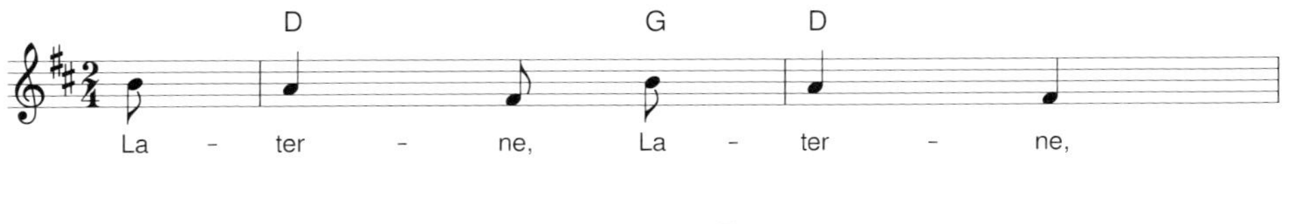

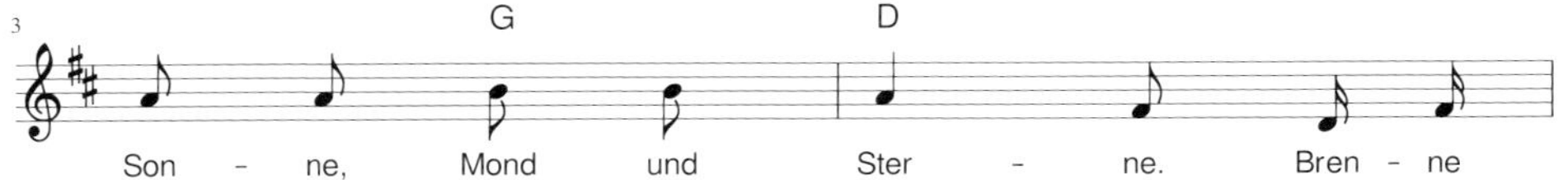

O Tannenbaum

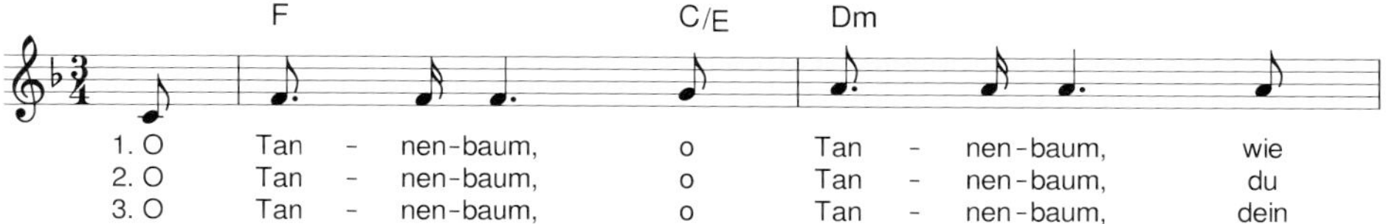

A, a, a, der Winter, der ist da

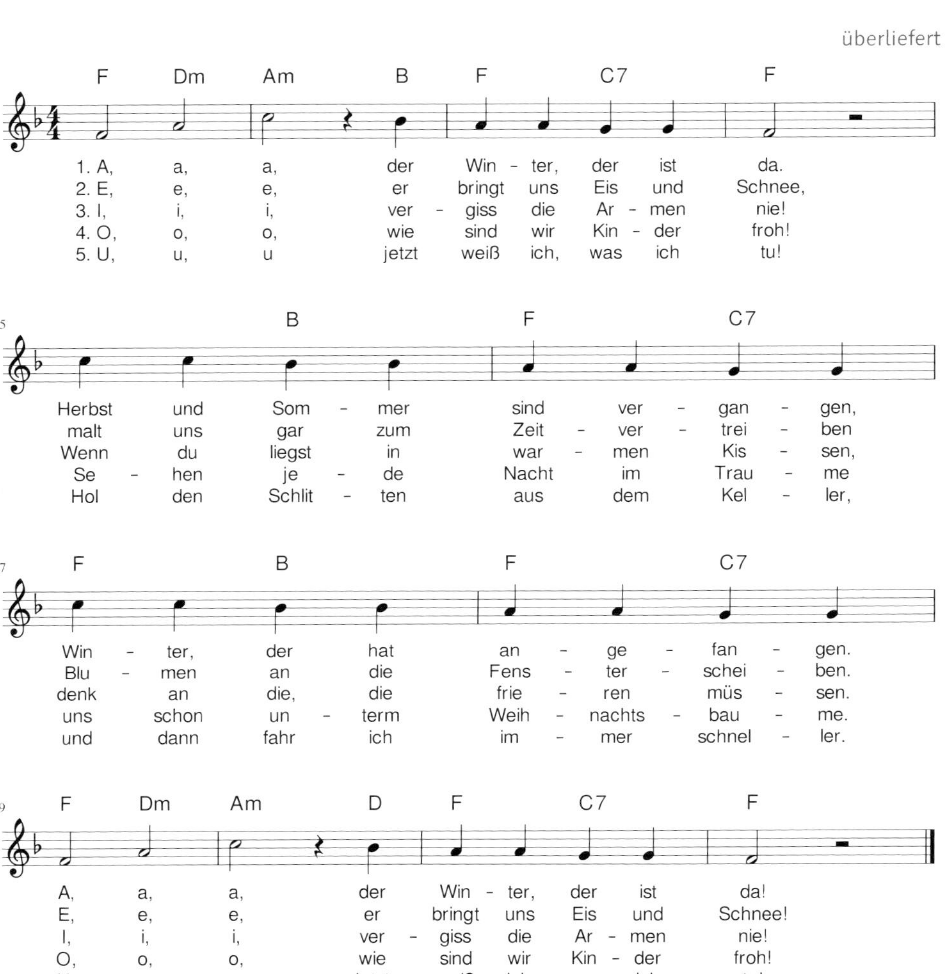

Im Verlauf eines Schulmorgens benötigen Kinder immer wieder Phasen der Entspannung und Auflockerung. Ganz besonders eignen sich hierfür Klassenspiele. Bei gezielter Auswahl können diese für die DaZ- und Sprachförderung genutzt werden.

61 Mein rechter, rechter Platz ist frei

 **Klasse:** 1–4  **Material:** –

Worum geht's?

Das Spiel „Mein rechter, rechter Platz ist frei" kennen viele Kinder aus dem Kindergarten. Unabhängig vom individuellen Sprachstand können sich dank einfacher vorgegebener Satzstrukturen alle Kinder an diesem Spiel beteiligen. In seiner Schwierigkeit ist es variabel.

Was wird geübt?

Bei diesem Spiel üben die Kinder, einfache Sätze zu bilden. Je nach Variation des Spiels kann aber auch die Formulierung von Fragen und Antworten in den Mittelpunkt rücken.

Was ist zu tun?

Bilden Sie mit den Kindern einen Stuhlkreis mit einem zusätzlichen, freien Stuhl. Erläutern Sie dann die Spielregeln: Das Kind, das links neben dem freien Stuhl sitzt, legt seine Hand auf dessen Sitzfläche und sagt: „*Mein rechter, rechter Platz ist frei, ich wünsche mir ...* (Name eines Mitschülers) *herbei.*" Das aufgerufene Kind setzt sich auf den freien Stuhl. Eine neue Runde beginnt.

Variation

Bevor das aufgerufene Kind sich auf den freien Stuhl setzt, fragt es: „*Als was soll ich kommen?*" Das erste Kind nennt ein Tier, z. B.: „*Als Elefant!*" Daraufhin stellt das aufgerufene Kind das Tier pantomimisch dar und bewegt sich in dessen Gangart (z. B.: stampfend, schleichend, springend ...) auf den Stuhl zu.

62 Entenspiel

 **Klasse:** 3–4  **Material:** –

Worum geht's?

Das Entenspiel ist ein Kreisspiel, bei dem der Satz *„Eine Ente mit zwei Beinen springt ins Wasser – platsch!"* reihum aufgesagt und in jeder neuen Runde erweitert wird. Dabei sind Konzentration sowie mathematisches und sprachliches Geschick gefragt.

Was wird geübt?

Die Kinder werden für einen grammatisch richtigen Satzbau sensibilisiert. Sie setzen ein Nomen in die Mehrzahl und beugen das zugehörige Verb entsprechend. Dabei müssen sie sich konzentrieren und auch ein wenig rechnen.

Was ist zu tun?

Kommen Sie mit den Kindern im Stuhlkreis zusammen und erläutern Sie die Spielregeln: Der Satz *„Eine Ente mit zwei Beinen springt ins Wasser – platsch!"* geht reihum, wobei jedes Kind nur einen Teil des Satzes sagt:

1. Runde
Kind 1: *Eine* Ente …
Kind 2: mit *zwei* Beinen …
Kind 3: *springt* ins Wasser –
Kind 4: *Platsch!*

2. Runde
Kind 5: *Zwei* Enten …
Kind 6: mit *vier* Beinen …
Kind 7: *springen* ins Wasser –
Kind 8: *Platsch!*
Kind 9: *Platsch!*

Bei jeder neuen Satzrunde kommt eine neue Ente hinzu, wodurch sich die Anzahl der Beine und Platsch-Geräusche entsprechend erhöht.

63 Ich packe meinen Koffer

 **Klasse:** 1–4  **Material:** –

Worum geht's?

Das Spiel „Ich packe meinen Koffer" ist ein Klassiker unter den Gedächtnisspielen. Aufgrund der sprachlichen Struktur des Spiels eignet es sich aber auch hervorragend für den Einsatz in der DaZ- und Sprachförderung.

Was wird geübt?

Die Kinder üben sich in der Formulierung einfacher Sätze und trainieren ihr Sprachgefühl, indem sie einen Satz mehrmals wiederholen und um weitere Nomen ergänzen. Durch die thematische Eingrenzung des Wortschatzes (z. B.: Kleidung, Schulsachen, Lebensmittel) kann dieser gezielt erweitert werden.

Was ist zu tun?

Kommen Sie mit den Kindern in einem Stuhlkreis zusammen. Geben Sie ein Thema (z. B.: Kleidung) und die folgenden Satzbausteine vor:

- *Ich packe in meinen Koffer: ...* (Gegenstand)
- *Und was packst du in deinen Koffer, ...* (Name des Sitznachbarn)?

Erläutern Sie dann die Spielregeln: Ein Kind beginnt und sagt: *„Ich packe meinen Koffer und lege Schuhe hinein. Und was packst du in deinen Koffer,* ... (Name des Sitznachbarn)"? Das Kind neben ihm wiederholt den Satz und ergänzt einen neuen Begriff, z. B.: *„Ich packe meinen Koffer und lege Schuhe und Strümpfe hinein"*. Mit jedem Spieler kommt ein weiterer Begriff hinzu, den sich die anderen Kinder gut merken müssen. Zählt ein Mitspieler einen falschen Gegenstand auf, vergisst er einen Gegenstand oder verwechselt er die Reihenfolge, scheidet er aus. Wer am Ende des Spiels übrigbleibt, hat gewonnen.

64 Wozu, warum, weshalb?

 **Klasse:** 1–4  **Material:** –

Worum geht's?

In einen Dialog zu treten bedeutet auch, Fragen stellen und beantworten zu können. Die besondere Satzstellung (Verbinversion) bei Fragesätzen macht dies zu einer Herausforderung für Kinder mit geringen Deutschkenntnissen.

Was wird geübt?

Die Kinder üben bei diesem Spiel, Fragen zu formulieren, zu verstehen und passend zu beantworten.

Was ist zu tun?

Kommen Sie mit den Kindern in einem Stuhlkreis zusammen und erläutern Sie die Spielregeln: Ein Kind übernimmt die Rolle des Fragestellers. Seine Aufgabe ist es, seinen Mitschülern einfache Fragen zu stellen, die diese so schnell wie möglich beantworten müssen, z. B.:

Fragesteller: *Kenan, warum trägst du einen Schal?*
Kenan: *Ich habe Halsschmerzen.*
Fragesteller: *Lea, wozu braucht man ein Auto?*
Lea: *Man braucht ein Auto, um …*

Wer nicht innerhalb von drei Sekunden antwortet, wird selbst zum Fragesteller.

65 Schlapp hat den Hut verloren

 **Klasse:** 1–4  **Material:** –

Worum geht's?

„Schlapp hat den Hut verloren" ist ein Sprach- und Konzentrationsspiel zugleich. Ein vorgegebener Satz wird – ähnlich dem Spiel „Ich packe meinen Koffer" (s. S. 140) – in jeder Runde erweitert.

Was wird geübt?

Die Kinder üben sich in der Formulierung einfacher Sätze. Durch Wiederholung und Erweiterung wird das Sprachgefühl trainiert.

Was ist zu tun?

Kommen Sie mit den Kindern im Stuhlkreis zusammen und erläutern Sie die Spielregeln: Ein Kind ist „Schlapp", die anderen Kinder werden durchnummeriert. „Schlapp" eröffnet das Spiel mit dem Satz *„Schlapp hat den Hut verloren – Vier (oder eine andere Nummer) hat ihn!"*, worauf das entsprechende Kind antwortet: *„Schlapp hat den Hut verloren. Vier hat ihn nicht – Sieben (oder eine andere Nummer) hat ihn!"* Das Kind mit der Nummer Sieben reagiert schnell und erweitert den Satz: *„Schlapp hat den Hut verloren. Vier hat ihn nicht. Sieben hat ihn nicht – Zwei hat ihn!"* So geht es weiter, bis sich ein Kind verspricht oder gar nicht reagiert und aus dem Spiel ausscheidet. Wer am Ende übrigbleibt, hat gewonnen und darf der nächste „Schlapp" sein.

66 Ich sitze im Grünen

 **Klasse:** 1–4  **Material:** –

Worum geht's?

„Ich sitze im Grünen" ist ein Kreisspiel, das sich aufgrund seiner einfachen Satzstruktur und der vielen Wiederholungen ideal für die DaZ- und Sprachförderung eignet. Verbunden mit reichlich Bewegung im Spielverlauf lernt es sich außerdem noch leichter.

Was wird geübt?

Die Kinder üben sich in der Formulierung einfacher Sätze und trainieren ihr Sprachgefühl, indem sie einen vorgegebenen Satz sukzessiv aufbauen.

Was ist zu tun?

Bilden Sie mit den Kindern einen Stuhlkreis mit einem zusätzlichen, freien Stuhl. Erläutern Sie dann die Spielregeln: Das Kind rechts neben dem freien Platz setzt sich auf den leeren Stuhl und sagt dabei *„Ich"*. Sein Nachbar rutscht auf den frei gewordenen Platz und sagt *„sitze"*. Der Nächste wechselt den Platz und sagt *„im"* usw. Jedes Kind sagt ein Wort, bis der Satz *„Ich sitze im Grünen und liebe ganz heimlich …"* vollständig ist. Das letzte Kind sagt dann den Namen eines Mitschülers. Dieser muss sich dann ganz schnell auf den freien Stuhl setzen. Da nun ein neuer Stuhl frei wird, beginnt die neue Runde auch entsprechend an anderer Stelle im Kreis.

67 Doppelgänger

 **Klasse:** 1–4  **Material:** –

Worum geht's?

Bei diesem Spiel geht es darum, durch geschickte und möglichst wenige Fragen einen vorher bestimmten Doppelgänger herauszufinden.

Was wird geübt?

Die Kinder üben, einfache Fragen zu formulieren.

Was ist zu tun?

Ein Kind verlässt das Klassenzimmer und wartet so lange vor der Tür, bis seine Mitschüler einen Doppelgänger für dieses Kind bestimmt haben. Durch geschickte Ja-/Nein-Fragen an die gesamte Klasse muss das Kind nun seinen Doppelgänger finden. Die Fragen beziehen sich dabei konkret auf den Fragesteller selbst. Der Doppelgänger antwortet hierbei immer so, als wäre er der Fragesteller. Alle anderen Kinder antworten ehrlich. Zu Beginn der Fragerunde stehen alle Kinder. Lautet die Antwort ja, bleibt das jeweilige Kind stehen. Lautet die Antwort nein, muss sich das jeweilige Kind setzen. Spielt der Fragesteller z. B. gern Fußball, fragt er *„Spielst du gern Fußball?"* Kinder, die nicht gern Fußball spielen, setzen sich. Der Doppelgänger bleibt stehen – auch wenn er Fußball nicht mag. Der Fragesteller könnte bei aufmerksamer Beobachtung und guter Kenntnis seiner Mitschüler den Schwindel schon jetzt entdecken und so den Doppelgänger entlarven. Ist dies nicht der Fall, folgen weitere Fragerunden, bis der Doppelgänger gefunden ist. Fragen zu Hobbys und Charaktereigenschaften erfordern, dass die Kinder sich gut kennen. Alternativ können Sie sich hierbei auch auf sichtbare Merkmale wie Aussehen und Kleidung beschränken und so das Spiel erleichtern.

68 Menschen-Memo

 **Klasse:** 1–4  **Material:** –

Worum geht's?

Menschen-Memo ist ein Gedächtnisspiel, das nach den Regeln des klassischen Memory-Spiels gespielt wird. Allerdings wird hierbei auf bedrucktes Spielmaterial verzichtet und die Kinder selbst übernehmen die Rolle der Memory-Kärtchen: Immer zwei Kinder bilden ein Paar, das von zwei ausgewählten Mitschülern „aufgedeckt" werden muss. Das Spiel eignet sich besonders für die DaZ- und Sprachförderung, da der Lerninhalt flexibel gewählt werden kann. Das macht das Spiel sehr vielfältig und lernwirksam.

Was wird geübt?

Mithilfe dieses Spiels können die Kinder ihren Wortschatz zu einem beliebigen Thema (z. B.: Farben, Tiere) erweitern. Das Spiel eignet sich aber auch für den Grammatikunterricht, da hier beispielsweise auch Steigerungsformen oder Gegensatzpaare von den Kindern gebildet werden können.

Was ist zu tun?

Bestimmen Sie zwei Kinder, die gegeneinander antreten. Die beiden Kinder warten zunächst vor der Tür des Klassenzimmers, während ihre Mitschüler zu einem bestimmten Thema Paare bilden. Beim Thema „Obst" könnten sich hier z. B. folgende Paare bilden: Apfel – Apfel, Banane – Banane, Zitrone – Zitrone usw. Nachdem die beiden Kinder das Klassenzimmer wieder betreten haben, versuchen sie, die entsprechenden Paare zu finden. „Aufgedeckt" wird durch Zurufen des Namens. Das Kind, das aufgerufen wurde, muss das Wort nennen, wofür es steht (z. B.: Apfel, Banane ...). Wer die meisten Paare findet, gewinnt.

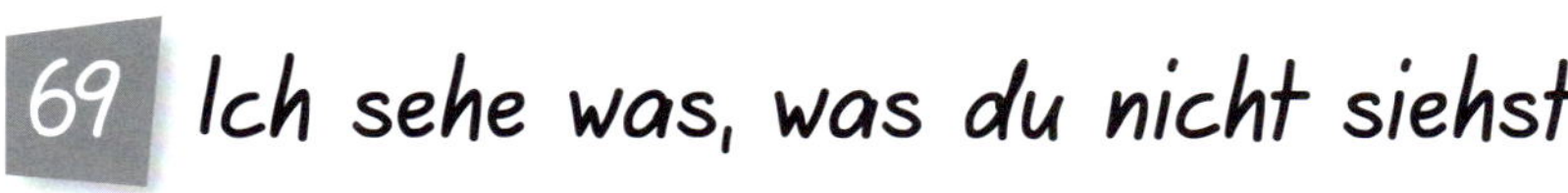

69 Ich sehe was, was du nicht siehst

 **Klasse:** 1–4  **Material:** –

Worum geht's?

„Ich sehe was, was du nicht siehst" ist ein beliebtes Kinderspiel, bei dem ein Gegenstand aus der unmittelbaren Umgebung anhand seiner Farbe beschrieben und erraten werden muss. Dieses Spiel lässt sich in leicht abgewandelter Form auch auf andere Adjektive (z. B.: groß, sauber, laut) ausweiten und so hervorragend im DaZ- und Sprachförderbereich einsetzen.

Was wird geübt?

Ausgehend von der feststehenden Formulierung *„Ich sehe was, was du nicht siehst, und das ist ..."* beschreiben die Kinder Gegenstände aus ihrer unmittelbaren Umgebung mit passenden Adjektiven.

Was ist zu tun?

Ein Kind darf sich einen Gegenstand im Raum aussuchen. Es sagt dann den Satz *„Ich sehe was, was du nicht siehst, und das ist ..."* und ergänzt ein passendes Adjektiv. Seine Mitschüler dürfen nun raten, welcher Gegenstand gemeint ist. Wer ihn als Erstes errät, darf sich den nächsten Gegenstand aussuchen.

Variation

Um einen stärkeren Wettbewerbscharakter zu entwickeln, könnten auch Klassenteams gegeneinander spielen. Hierbei wird dann die Anzahl der gegebenen Hinweise gezählt, bis der Gegenstand vom gegnerischen Team erraten wird. Das Team, das weniger Hinweise benötigt, gewinnt.

70 Echo

 **Klasse:** 1–4

 **Material:** beliebiger Text

Worum geht's?

„Echo" ist ein Aufmerksamkeitsspiel, bei dem die Kinder auf vorher festgelegte Signalwörter reagieren müssen.

Was wird geübt?

Der Schwerpunkt dieses Spiels ist das aktive Zuhören. Da jedem Kind ein bestimmtes Wort zugeordnet wird, sind die Kinder aufgefordert, permanent und konzentriert zuzuhören.

Was ist zu tun?

Wählen Sie einen beliebigen Text aus und untersuchen Sie diesen auf häufig vorkommende Wörter. Ordnen Sie jedem Kind eines dieser Wörter zu und lesen Sie dann den Text laut vor. Wird das entsprechende Wort vorgelesen, muss das jeweilige Kind das Wort unverzüglich wiederholen – wie ein Echo.

71 Wo ist der Schatz?

 **Klasse:** 1–4  **Material:** –

Worum geht's?

Eine Schatzsuche ist spannend und motivierend. Der spielerische Charakter einer Schatzsuche kann mithilfe kleiner Varianten aus sprachlicher Sicht sehr lernwirksam eingesetzt werden.

Was wird geübt?

Bei diesem Spiel üben sich die Kinder in zwei Bereichen: Zum einen müssen sie Gegenstände möglichst genau beschreiben, sodass sie für ihre Mitschüler eindeutig erkennbar sind. Zum anderen müssen sie den Standort des Schatzes beschreiben. Dabei wiederholen und festigen sie die Wortarten „Adjektiv" und „Präposition".

Was ist zu tun?

Ein Kind aus der Klasse wählt heimlich einen Gegenstand aus und versteckt ihn im Klassenzimmer. Das Kind beschreibt den Gegenstand und seine Mitschüler begeben sich, ohne zu sprechen, auf die Suche des „Schatzes".
Wer den Gegenstand entdeckt, setzt sich leise auf den eigenen Platz. Nach einer festgelegten Zeit wird abgebrochen und ein Kind muss den Fundort beschreiben.

72 Pferderennen

 **Klasse:** 1–2  **Material:** Vorlesetext „Pferderennen" (S. 150)

Worum geht's?

„Pferderennen" ist ein schnelles Bewegungsspiel, das viele Kinder bereits aus dem Kindergarten kennen. Im Spielverlauf wird ein Pferderennen nachgestellt, bei dem die Kinder auf festgelegte Anweisungen mit vorgegebenen Bewegungen reagieren.

Was wird geübt?

Der Schwerpunkt dieses Spiels ist das aktive Zuhören. Die Kinder müssen durchgängig konzentriert und fokussiert zuhören, da sie auf den vorgelesenen Text schnell mit den entsprechenden Bewegungen reagieren müssen.

Was ist zu tun?

Machen Sie sich mit dem Text und den Anweisungen zum Spiel (S. 150) vertraut, damit später keine störenden Pausen das Spiel verlangsamen. Lesen Sie dann den Text in der Klasse vor und begleiten Sie ihn durch die vorgegebenen Bewegungen. Dabei können Sie einzelne Passagen variabel einsetzen bzw. wiederholen. Die Kinder sitzen währenddessen auf ihren Plätzen und ahmen Ihre Bewegungen nach.

Vorlesetext „Pferderennen"

Vorlesetext	Bewegungen
Die Reiter begeben sich an den Start.	abwechselnd auf die Oberschenkel klopfen
Das Publikum ist begeistert und jubelt.	in die Hände klatschen
Dann fällt der Startschuss und die Reiter galoppieren los.	in schnellem Tempo abwechselnd auf die Oberschenkel klopfen
Sie reiten in die erste Rechtskurve.	in schnellem Tempo abwechselnd auf die Oberschenkel klopfen und dann nach rechts lehnen
Und dann reiten sie in die Linkskurve.	in schnellem Tempo abwechselnd auf die Oberschenkel klopfen und dann nach links lehnen
Und dann reiten sie in die Fan-Kurve.	mit beiden Händen winken und Kusshände werfen
Sie überspringen ein/zwei/drei Hindernis/se – hopp.	beide Arme in die Luft werfen und dann in schnellem Tempo weiter auf die Oberschenkel klopfen
Und sie reiten ins Ziel.	beide Arme in die Luft werfen und dann klatschen

73 Waldlauf

 **Klasse:** 1–4

 **Material:** Vorlesetext „Waldlauf" (S. 152)

Worum geht's?

Ähnlich wie bei dem Bewegungsspiel „Pferderennen" (s. S. 149/150) müssen die Kinder bei diesem Spiel auf gewisse Wörter/Sätze mit einer festgelegten Bewegung reagieren. Beschrieben wird hierbei ein Lauf durch den Wald mit diversen Hindernissen.

Was wird geübt?

Der Schwerpunkt dieses Spiels ist das aktive Zuhören. Die Kinder müssen durchgängig konzentriert und fokussiert zuhören, da sie auf den vorgelesenen Text schnell mit den entsprechenden Bewegungen reagieren müssen.

Was ist zu tun?

Machen Sie sich mit dem Text und den Anweisungen zum Spiel (S. 152) vertraut, damit später keine störenden Pausen das Spiel verlangsamen. Lesen Sie dann den Text in der Klasse vor und begleiten Sie ihn durch die vorgegebenen Bewegungen. Dabei können Sie einzelne Passagen variabel einsetzen bzw. wiederholen. Die Kinder ahmen währenddessen Ihre Bewegungen im Stehen nach. Dafür sollte ausreichend Bewegungsraum vorhanden sein.

Vorlesetext „Waldlauf"

Vorlesetext	Bewegungen
Die Jogger wärmen sich auf.	verschiedene Dehnungsübungen ausführen
Die Jogger freuen sich auf den Lauf.	in die Hände klatschen und jubeln
Dann laufen die Jogger los.	auf der Stelle laufen
Achtung: Ast!	auf der Stelle laufen und sich dabei einmal tief ducken
Achtung: Stamm!	auf der Stelle laufen und dabei einmal springen
Achtung: Bach!	auf der Stelle laufen und dann einmal mit beiden Füßen springen
Achtung: Zapfen!	auf der Stelle laufen und dann mehrmals nach oben greifen und „Zapfen" pflücken
Achtung: Wildschweine!	auf Zehenspitzen schleichen
Endlich am Ziel.	Arme ausstrecken und dann kopfüber nach vorn beugen

Verabschieden und nach Hause gehen

Selbst die letzten Minuten eines Schulvormittags können und sollten noch aktiv zur DaZ- und Sprachförderung genutzt werden. Mithilfe der Ideen in diesem Kapitel lässt sich dies kinderleicht und effizient umsetzen.

74 Stimmungsbilder

 **Klasse:** 1–4  **Material:** Bildkarten (S. 155/156)

Worum geht's?

Es gibt viele Möglichkeiten, den Tagesabschluss bewusst zu gestalten. Eine ist es, den Tag anhand der Gefühle der Kinder zu reflektieren.

Was wird geübt?

Die Kinder beschreiben und begründen ihre Gefühle. Dabei üben sie sich in der Formulierung von Nebensätzen mit dem Verb in Endstellung.

Was ist zu tun?

Kopieren und laminieren Sie die Bildkarten (S. 155/156). Kommen Sie am Ende des Schultages mit den Kindern im Stuhlkreis zusammen und legen Sie die Bildkarten in die Kreismitte. Geben Sie außerdem den folgenden Satzbaustein vor: *„Heute bin ich ..., weil ...“* Die Kinder dürfen sich nun auf freiwilliger Basis zu ihren Gefühlen äußern.

Variation

Falls nur noch wenig Zeit vorhanden sein sollte, lässt sich diese Reflexion auch abkürzen. Durch die Vorgabe von folgenden Satzbausteinen beschränkt man damit die Äußerungen auf zwei Aspekte:

- *Heute war besonders schön, dass ...*
- *Heute war nicht so schön, dass ...*

Bildkarten „Stimmungsbilder" – (1/2)

fröhlich

traurig

ängstlich

wütend

Bildkarten „Stimmungsbilder" – (2/2)

zufrieden

unzufrieden

aufgeregt

müde

75 Schulterklopfen

 **Klasse:** 1–4  **Material:** –

Worum geht's?

Wertschätzung und Empathie können durch Lob zum Ausdruck gebracht werden. Dieses muss nicht zwangsläufig von der Lehrkraft kommen. Die Kinder können sich auch gegenseitig „auf die Schulter klopfen". Das wirkt sich in besonderer Weise positiv auf das soziale Miteinander in der Klasse aus und bietet Gelegenheit zum sprachlichen Austausch.

Was wird geübt?

Die Kinder üben das Sprechen vor der Klasse. Dabei wiederholen und festigen sie häufig verwendete Satzstrukturen.

Was ist zu tun?

Führen Sie das Schulterklopfen als Ritual in Ihrem Unterricht ein und achten Sie dabei auf einen gleich bleibenden Ablauf. Geben Sie den Kindern ausgewählte Satzbausteine als Hilfestellung vor, z. B.:

Kind A: *Kind B, darf ich dir heute auf die Schulter klopfen?*
Kind B: *Nein, ich möchte das heute nicht.* **Oder:**
Ja, du darfst mir auf die Schulter klopfen.
Kind A: *Ich finde es toll, dass du heute so gut gerechnet hast.*
(Kind A geht zu Kind B und klopft ihm auf die Schulter.)

Die Reflexion sollte auf freiwilliger Basis durchgeführt werden.

76 Aufstellen einmal anders

 **Klasse:** 1–4  **Material:** –

Worum geht's?

Wenn einmal mehr Zeit am Ende des Schultags zur Verfügung stehen sollte, können Sie diese sehr gut für eine „Aufstellalternative" an der Klassentür nutzen. Die Aktivität „Aufstellen einmal anders" basiert auf der Line-up-Methode. So müssen sich die Kinder unter Vorgabe bestimmter Bedingungen in einer Reihe aufstellen (z. B.: Alter, Größe, Schuhgröße).

Was wird geübt?

Durch die Vergleiche untereinander gelangen die Kinder in einen ganz natürlichen, kommunikativen Austausch. Hieran beteiligen sich alle Kinder, da sich jeder bei der Reihenbildung richtig einordnen muss.

Was ist zu tun?

Legen Sie eine Kategorie fest, nach der sich die Kinder beim Aufstellen richten, z. B.:

- Alter
- Körpergröße
- Schuhgröße
- Haarfarbe (hell – dunkel)
- Augenfarbe (hell – dunkel)
- Anzahl der Geschwister …

77 Persönliche Verabschiedung

 **Klasse:** 1–4  **Material:** –

Worum geht's?

So wie der Tag begonnen wurde, sollte er auch beendet werden: Mit der persönlichen Verabschiedung haben Sie noch einmal die Möglichkeit, sich einen persönlichen Eindruck von den individuellen Befindlichkeiten, aber auch von den sprachlichen Fähigkeiten Ihrer Schüler zu verschaffen.

Was wird geübt?

Im persönlichen Gespräch mit den Kindern können Sie Abschiedsfloskeln einüben (z. B.: „Bis morgen, …!", „Es war schön, dass du da warst!", „Wie war der Tag für dich?"). Je nach Sprachstand kann das Gespräch von der einfachen Verabschiedung bis hin zum kleinen Dialog reichen. Die persönliche Verabschiedung wirkt sich zudem positiv auf die Beziehung zu Ihren Schülern aus und baut Sprechhemmungen ab.

Was ist zu tun?

Positionieren Sie sich vor der Tür des Klassenraums, um jedes Kind persönlich verabschieden zu können.

Medientipps

Redaktionsteam Verlag an der Ruhr:
80 Bild-Impulse: Gefühle.
Verlag an der Ruhr, 2014.
ISBN 978-3-8346-2479-6

Redaktionsteam Verlag an der Ruhr:
Welchen Klassendienst hab ich? 40 Ämterkarten zur Orientierung.
Verlag an der Ruhr, 2014.
ISBN 978-3-8346-2588-5

Redaktionsteam Verlag an der Ruhr:
Was machen wir als Nächstes? 99 Tages- und Stundenplankarten.
Verlag an der Ruhr, 2012.
ISBN 978-3-8346-0939-7

Schmidt, Jochen:
Rituale im Englischunterricht der Grundschule: 1. bis 4. Klasse.
AAP Lehrerfachverlage, 2014.
ISBN 978-3-4032-3123-3

Schröder, Ute:
50 Mitmachgeschichten zur Sprachförderung.
Laute, Silben, Wörter im Anfangsunterricht spielerisch entdecken.
Verlag an der Ruhr, 2014.
ISBN 978-3-8346-2594-6

Wilkening, Nina:
80 schnelle Spiele für die DaZ- und Sprachförderung.
Für Plenum, Kleingruppen und Freiarbeit.
Verlag an der Ruhr, 2013.
ISBN 978-3-8346-2310-2